DUCARD DAKE

Puis-je devenir meilleur ?

Se motiver, agir, s'accomplir

Tome 1

Ce livre a été publié sur www.bookelis.com

ISBN :979-10-424-2545-6

Table des matières

AVANT-PROPOS

Je désire remercier chaleureusement tous les auteurs et autrices qui ont contribué de manière indirecte à la rédaction de cet ouvrage. Ce sont leurs vies, leurs expériences, qui m'ont inspiré. Bien que le titre puisse sembler présomptueux, les idées et les arguments développés dans ce livre sont motivés par la volonté d'être une voix intérieure pour le lecteur, l'accompagnant dans sa quête du meilleur. J'ose penser qu'un tel but est largement partagé : devenir une meilleure version de soi-même. Le fil rouge de cet ouvrage repose sur le potentiel de l'être humain. Les principaux thèmes qui y sont abordés sont la mécanique des émotions, des comportements et nos interactions avec les autres, le désir d'épanouissement, la motivation et l'amélioration de nos performances.

Je tiens tout particulièrement à remercier ma fille Laura DAKE. L'observer grandir m'a beaucoup instruit. Cet ouvrage est aussi le fruit des leçons que j'ai apprises en tant que père. L'image, évoquée dans le chapitre 2 sur l'acquisition des compétences, me permet encore de me découvrir.

Écrire est un exercice difficile dans lequel l'auteur devient un équilibriste jouant entre convictions personnelles, concepts, clarté et nuance. Pour ma part, j'espère que cette première version laissera cette impression d'une opération réussie au lecteur.

Ducard DAKE

PARTIE 1 :

PRENDRE LE CONTRÔLE

INTRODUCTION

Arthur, le taiseux

À 11 h, pendant la pause-café, quelques employés du cabinet F. Consulting s'étaient retrouvés dans la cour. La conversation tournait autour de la journée entreprise qui se tiendra dans 15 jours et qui réunira tous les collaborateurs et dirigeants Europe du cabinet :

— Les amis, intervint tout à coup Raphaël, c'est Arthur qui présentera la feuille de route de notre département

— Pas possible !

— Avez-vous reçu le mail envoyé par la cheffe ? consultez le programme, dit-il en leur tendant son téléphone

Chacun se précipita sur son téléphone et le lut.

Arthur est leur collègue. Assez réservé et timide, il n'était pas intégré à la « bande » et faisait régulièrement les frais de leurs moqueries. Ainsi, en apprenant son choix pour les représenter, tous se demandèrent comment cela fut possible.

— Je suis sûr et certain que l'on court à la catastrophe, dit Kevin, le M. Loquace et railleur de la bande

Oui, il va falloir se préparer à « sauver les meubles », car il est quasiment certain qu'il va se planter, renchérit un autre. Outre les sentiments d'envie qui démangeaient chacun, le fait même de choisir Arthur pour une présentation de si haute importance leur parut rocambolesque.

L'histoire d'Arthur est simple et assez ordinaire. Il est fils d'un père commissaire divisionnaire de police et d'une mère femme de ménage avec une fratrie de 4. Pour élever le niveau de scolarité de leurs enfants, les parents ont dû régulièrement avoir recours aux aides de l'État. Leur détermination a permis aux progénitures, dont Arthur, de poursuivre leurs études et d'obtenir des qualifications auxquelles ils n'auraient pas pu avoir accès. Cependant, la situation financière d'Arthur a souvent été source de difficultés majeures d'intégration. D'abord en primaire, au secondaire, puis à l'université. La cause de la timidité de Arthur tient du fait des conséquences négatives de l'ensemble de son cursus scolaire. À la différence de ses autres frères, Arthur a grandi avec la perception d'avoir été mal soutenu par sa famille, en raison de leur condition modeste. Il en résulte qu'il avait développé, un sentiment d'infériorité, l'impression de ne jamais être à sa place, de devoir se cacher, de ne pas s'exprimer. Néanmoins, Arthur était un homme intelligent et avait toujours été brillant dans sa scolarité. Ses études supérieures terminées, il fut recruté aussitôt dans le sélect cabinet de conseil F. Consulting. Mais très rapidement, Arthur se rendit compte qu'il porterait à vie l'étiquette de «milieu modeste». Naître dans cette situation signifiait aussi ne pas hériter de nom de famille ni de réseaux de relations, mais surtout manquer du capital culturel dont disposaient la plupart de ses collègues qui venaient d'écoles prestigieuses.

Nonobstant cet «handicap» social, Arthur remplissait les missions qui lui étaient confiées, avec une rigueur et une ponctualité dont ses supérieurs hiérarchiques étaient fiers. Mais, en société, il doutait toujours de lui, n'osant pas prendre la parole. Ses collègues de travail l'enviaient et, en même temps, se moquaient régulièrement de lui. Voilà pourquoi, ils étaient confus en apprenant que le «taiseux» se chargerait, devant plus de 5000 convives prestigieux, d'exposer la feuille de route de leur département.

Arthur monta sur l'estrade, d'un pas peu décidé, les yeux vides, ne sachant trop comment se passerait sa présentation. Autant qu'il pouvait, il s'inclina pour saluer les invités. Il examina la pièce.

Ses regards croisèrent au 1er rang, une femme de la cinquantaine, de stature très imposante. C'était Laura, la très brillante PDG du groupe. Elle le regarda, attendant de lui le début de son exposition. Arthur sentit les poils de sa peau se dresser, son rythme cardiaque s'emballer, sa respiration s'accélérer et sa bouche commença à se dessécher. Le silence se faisant embarrassant, Arthur comprit qu'il devait à présent se lancer. Il serra ses poings et se mit à rejouer mentalement, le scénario de présentation qu'il a élaboré et appris par cœur ces 15 derniers jours et nuits d'insomnies. Au début, il essaya tant bien que mal d'échapper à tous les yeux qui le fixaient, il pria pour ne pas croiser les regards hautains de ses camarades, mais il était également résolu à réussir son exercice.

À mesure qu'il avançait, l'auditoire se trouvait captivé par son argumentation. La conscience qu'il avait à présent le pouvoir de susciter de l'intérêt lui donna la force d'aller au bout. À la fin, il se sentait particulièrement heureux du résultat. Dire qu'en montant sur le podium, il avait l'intention de « limiter la casse ». Au final, malgré quelques légères hésitations, il vit avec joie des centaines de personnes l'applaudir. Ses yeux étaient larmoyants, comme ceux qu'il avait le jour de sa première médaille en cours primaire lorsqu'il avait remporté les finales scolaires d'échecs. Il était ému !

L'exercice était délicat et Arthur savait qu'il devait l'élaborer minutieusement, connaître parfaitement sa présentation. C'est ce qu'il fit, et il sentit que le résultat désiré était obtenu.

Ce jour-là, il comprit que ses peurs et son anxiété-trait pour une prise de parole en assemblée étaient très pénibles. Mais il fallait une règle, la préparation d'un discours bien soigné et surtout la parfaite maîtrise de son sujet ! Cette règle, Arthur se l'institua dans toutes les autres occasions d'expression en public (conférences, ateliers, etc.). S'exprimer devant une audience devint, progressivement, naturel pour lui. Même si ses rapports quotidiens avec collègues manquaient encore de fluidité, Arthur, le taiseux était quand même devenu, au cours des réunions, Arthur, le convaincant !

Vaincre ses peurs, stress et anxiété-traits

« Celui qui a été mordu par le serpent craint la corde »

Auteur inconnu

PRINCIPE

Comment interpréter qu'en affrontant des situations incommodantes, nous ressentons des palpitations, essoufflements et tremblements, ou autres formes de sensations désagréables ?

Imaginez qu'une nuit, alors que vous rentrez d'un spectacle, vous chantez au volant, à cœur joie, avec vos compagnons, le morceau qui vous a fait danser toute la soirée. Puis, la voiture à vive allure, devant vous, s'arrête brusquement. D'un réflexe inexpliqué, vous freinez de toutes vos forces et réussissez à esquiver in extremis le choc. Bravo !

Essayons d'immortaliser le moment précis où l'impact a été évité de justesse. Quelles expressions pouvez-vous lire instantanément dans le regard de chacun de vos amis ? Ils écarquillent les yeux, bouche ouverte, l'impression de souffle coupé. Ce que vous avez tous ressenti s'appelle « la peur ». Elle se déclenche lorsque notre cerveau décèle une exposition à un danger imminent. Une alerte est donc émise vers notre système nerveux, qui par sécrétion hormonale nous pousse à la réaction. La peur est essentielle pour augmenter nos chances de survie.

Seulement, cet épisode que vous venez de traverser ne s'effacera pas instantanément. Il existe un mot que vous connaissez bien : la mémoire. Elle est cette aptitude que nous avons à stocker à court ou long terme des informations tirées de notre environnement, nos expériences et nos souvenirs. À court terme par exemple, nous pouvons retenir le prénom d'une personne que nous venons de rencontrer (par répétition mentale). Mais ce prénom peut être rapidement oublié si des facteurs spécifiques ne nous aident pas à le stocker à long terme. Néanmoins, nos systèmes cérébraux complexes peuvent également consolider des moments, des émotions ou des données répétées pour nous les restituer dans des contextes donnés. Ce phénomène appelé « mémorisation » est une résultante d'interconnexions entre circuits neuraux.

Notre cerveau retient les images des facteurs de menace réelle ayant généré de la peur par le passé. On dit qu'il « mémorise ». Ainsi, toutes les fois qu'une situation s'apparentant à une telle menace se présentera, nos mécanismes de défense se déclencheront automatiquement : rythme cardiaque accéléré, sensation de transpiration, difficultés respiratoires, etc. Les sécrétions hormonales (cortisol, adrénaline) nous préparent ainsi à la réaction ou à la fuite.

Vous l'aurez compris… ce mécanisme appelé anxiété-état est un ressenti normal, mais passager se manifestant dans un environnement ou un contexte semblable à une peur antérieure. Face à un risque, notre cerveau enclenche une réponse émotionnelle équivalente à l'intensité mémorisée, que cette menace soit réelle ou imaginée. L'anxiété nous permet donc de nous prémunir contre une insécurité, mais sa virulence dépend de nos peurs mémorisées. Mais, elle doit être transitoire et limitée à un contexte particulier. Tout se passe comme si un éveil psychologique générait en nous de l'appréhension, de la crainte ou de la tension. Comment passe-t-on alors de l'anxiété-état à l'anxiété-trait ?

Après un cambriolage, il est normal que nous soyons tous aux aguets au moindre bruit la nuit… «Anxiété-état» du moins pendant une période donnée sauf si une répétition mentale s'installe. Dans ce cas, les processus cognitifs impliqués dans la mémorisation sont sollicités. L'activation en boucle, de l'épisode (danger) + l'émotion (peur) va par conséquent entraîner une consolidation de cette anxiété dans l'amygdale (siège de nos émotions), avec une acuité donnée. Pendant que nous vivons avec une certaine intensité un événement, le souvenir est mémorisé à long terme. De ce fait, lors d'événements futurs similaires, l'amygdale cherchera à produire la réponse appropriée en fonction du degré psychoaffectif enregistré. On dit que l'amygdale nous aide à réguler nos émotions.

L'anxiété-trait peut rapidement s'établir lorsque les situations suscitant de l'anxiété-état deviennent répétitives. Comme un prototype durable qui s'installe en présence d'un ensemble de paramètres. Votre employeur est étrangement désagréable avec ses collaborateurs et ses remarques humiliantes, vous affectent au plus haut point. Chaque fois que vous le croiserez dans les couloirs et que vous aurez un meeting avec lui, vous serez «angoissé» à l'idée de vous faire à nouveau insulter sans raison valable. Graduellement, le modèle «Vous + patron + réunion» évoluera en «menace + anxiété + réaction». Votre père (votre mère) vous punissait systématiquement quand il vous interpellait avec une certaine tonalité alors par étapes le modèle «papa/maman + phrase» s'est transformé en «menace + anxiété + réaction». Un collègue vise une promotion et instaure, entre lui et vous, une situation de tension au travail. Alors chaque fois que vous l'apercevez sur votre lieu de travail, vous pourriez ressentir plus de nœuds à l'estomac que les autres. Quand on vous demande de prendre la parole, votre cœur s'emballe suivi d'une sécheresse de la bouche pouvant vous paralyser. En fait, dans votre plus jeune âge, vos camarades de classe se moquaient de vous à chaque prise de parole. Plusieurs sources d'anxiété-état peuvent coexister et dès lors vous mettre dans un contexte d'hyperdétection de dangers d'où l'anxiété-trait. Si vous êtes de tempérament habituellement anxieux ayant tendance à rapidement percevoir plusieurs circonstances comme nocives ou redoutables, il est possible que vous entriez dans le cadre de l'anxiété-trait. Cette prédisposition peut évoluer vers un cercle vicieux diminuant par conséquent vos capacités à la fois sur les plans individuel et professionnel. Tout fonctionne comme si votre cerveau détecte en continuité des menaces sans pouvoir analyser les contextes. En quelques milli-secondes, les souvenirs rejaillissent et la même réaction se produit. Mais heureusement, ces mécanismes ont des défaillances qui permettent ainsi de les gommer.

Nota: chez certaines personnes, l'intensité de l'anxiété devient permanente, envahissante et paralysante. Il pourrait s'agir de trouble nerveux d'ordre pathologique. Nous ne traiterons pas ces situations dans le cadre de ce livre. Néanmoins, sachez que des soins thérapeutiques offrent aujourd'hui des possibilités de réduction de ces effets.

APPLICATION

Craquez le code de votre anxiété !

Dans le contexte des réunions, «Arthur, le taiseux» est devenu «Arthur, le convaincant». Pour cela, il lui a fallu une occasion favorable (la journée d'entreprise), au cours de laquelle la boucle mentale «prise de parole = se ridiculiser» a été rompue. Il n'est pas certain que son anxiété ait disparu comme par magie. Il a conçu son intervention tel un scénario, ce qui lui permit de traiter les facteurs qui peuvent affecter négativement les capacités. Les pressions psychologiques n'ont pu avoir raison de ses performances. Puis, les jours suivants, chaque fois qu'il devait prendre la parole en public, il se posait la question ci-après : est-ce que je ressens de l'anxiété pour une chose qui a en réalité de l'importance ?

Arthur comprit à l'occasion de sa présentation devant 5000 personnes (5000 causes potentielles d'anxiété réunies ensemble) qu'une méthode pouvait lui permettre de s'extirper de son anxiété. Sa recette ayant fonctionné, il l'érigea en règle et se l'appliqua soigneusement encore et encore. Ceci lui donna l'occasion de décupler son seuil de résilience face à des situations analogues, de sortir de la souffrance dont elles étaient les véhicules. Ainsi, augmenter sa solidité relativement à des situations inconfortables, limite les effets paralysants de l'anxiété-trait

Introduisez un biais dans le schéma

La première étape consiste à modifier le modèle cérébral en place. Cette modification suppose l'élimination ou le renouvellement des mécanismes impliqués dans la production de l'anxiété. Pensez au phénomène de « mémorisation » abordé plus haut qui est le fruit de la consolidation de circuits neuraux et qui définit, dans une certaine mesure, notre comportement face à une menace (réelle ou imaginée). Les processus de mémorisation ressemblent à un encodage complexe d'un modèle. Pour rompre cette jonction, nous devons craquer le code. Notre cerveau est impressionnant par sa capacité à rapidement apprendre et mémoriser différentes informations. Cette activité psychologique est favorisée par des molécules qui aident les cellules cérébrales à installer différentes connexions entre elles. Soulignons-le, le nouveau modèle ne peut s'établir qu'avec une répétition mentale volontaire fréquente et suffisamment longue. On parle de la stratégie de la mutation.

Adoptez la stratégie de la mutation

La réitération, à intervalles réguliers, d'une information fût-elle vraie ou fausse, finit par la confirmer. A contrario, lorsqu'il est discontinu, il ne forme qu'une marque vague, insuffisante pour craquer le précédent code. La disparition d'un ancien souvenir au profit d'un nouveau s'explique par le mécanisme de l'oubli. Ce mécanisme consiste à décontaminer des réseaux de neurones, par l'intervention d'autres protéines « ralentisseuses ». Le rôle de ces protéines est de diminuer l'activité de la boucle anxiogène. Elles empêchent de ce fait le rappel de certains réflexes.

Toutefois, il faudra parallèlement installer une répétition mentale volontaire fréquente et suffisamment longue pour qu'un nouveau processus se forme. À la faveur de cette répétition, une réaction différente pourra être enregistrée dans la chaîne menace + anxiété + réaction conduisant ainsi au développement d'un modèle différent. De ce fait, la réaction non remémorée aura tendance à se volatiliser au profit de la plus récente. Le temps est le meilleur allié dans cette situation. Il permet de créer une collision entre les anciennes informations et les nouvelles, processus au cours duquel les infos les plus actuelles entreprennent l'activité mentale de l'apprentissage.

Dans l'exemple d'Arthur, il était conditionné depuis son enfance à craindre la prise de parole en public. Une décharge électrique (sa présentation à la journée d'entreprise) lui permit ensuite de réapprendre qu'un autre comportement était possible. Il a ultérieurement exposé à plusieurs reprises son cerveau à cette nouvelle information. Grâce à cet apprentissage, la réaction anxieuse a été mise en veille et remplacée par celle assimilée lors de sa présentation. Néanmoins, un modèle n'est jamais définitif et le cycle de l'entraînement peut repartir dans la direction inverse, si involontairement, ces réseaux de neurones désactivés étaient de nouveau stimulés de façon répétitive… Et ainsi de suite !

Nombreux sont ceux qui, se sentant incompétents ou inaptes à atteindre certains objectifs, produisent du stress et l'entretiennent au point de le transformer en anxiété-trait. L'appréciation de nos capacités à surmonter certaines situations ou atteindre des résultats désirés a une influence directe sur notre niveau de stress/anxiété. Le principal nœud de la phrase se trouve dans le mot « perception ». Dans le chapitre suivant, nous allons aborder la question de l'efficacité personnelle, car elle prédit le pouvoir d'agir et d'interagir.

PARTIE 2 :

AUTODISCIPLINE ET CULTURE DE L'EXCELLENCE

INTRODUCTION

Hermann est un coach hors pair. Sa vocation se résume comme suit : «*amener des gens ordinaires à faire des choses extraordinaires*». Son but est d'aider toute personne qui le souhaite à optimiser ses performances à travers un accompagnement global. L'être coaché se transforme en un acteur qui construit ses perspectives, apprend à mieux connaître son potentiel et à exploiter les circonstances opportunes que lui offre son écosystème.

— Mesdames, messieurs ! C'est un jour spécial, dit-il, en introduction du séminaire d'entreprise organisé à l'intention du personnel d'un groupe industriel. Les salariés de cette compagnie se sentent en perte de repères dans un environnement professionnel caractérisé par une concurrentialité et une précarisation accrue des conditions de travail.

Quelques mois auparavant, une évolution des méthodes managériales due à la restructuration hiérarchique a eu d'importantes répercussions sur les valeurs partagées des effectifs. Le modèle d'évaluation étant plus basé sur la compétition, les individus développent des comportements d'individualisme croissant. Cette nécessité de réadaptation a créé chez eux une baisse de sens, car ils se sentent utilisés par l'employeur simplement comme des instruments à des fins de rentabilité.

En invitant Hermann à animer le séminaire dénommé «Tout le potentiel est en vous», la compagnie souhaitait offrir aux employés un cadre de libération pour qu'ils puissent faire comprendre leurs inquiétudes et améliorer leurs conditions de travail.

Hermann poursuivit ses mots d'introduction en ces termes :

— Une entreprise ne peut prospérer sans le respect de l'intégrité de tous. Mon souhait est qu'à la fin de ce séminaire, chacun ait le sentiment d'avoir évacué les obstacles à sa satisfaction personnelle. Ensemble nous pouvons réussir à faire émerger des pistes de renforcement de la performance collective et surtout du bien-être de chacun. Nous avons tous séparément nos besoins propres dans nos vies professionnelles. Entre autres, l'amélioration de l'équilibre des vies privée et vie professionnelle, meilleure reconnaissance et valorisation du travail accompli. Il peut aussi être question de promotion à un poste supérieur, consolidation de la confiance en soi, meilleure gestion du stress et des relations interindividuelles, développement du leadership pour mieux gérer son équipe, etc. Quel que soit votre désir ardent, sachez que « Tout le potentiel est en vous ». Aujourd'hui, je serai simplement un facilitateur des discussions et je compte sur la mobilisation de toutes les énergies singulières. Étant une personne extérieure à l'organisation et ayant déjà eu, la chance d'animer plusieurs séminaires similaires, je pourrai vous apporter, avec objectivité, ma contribution pour améliorer les choses. Sentez-vous en confiance et exprimez-vous sans ambages.

— Pour créer l'interaction et poser le cadre collaboratif des échanges, Hermann poursuivit en demandant : quels sont pour vous les sujets prioritaires que vous souhaiteriez que l'on aborde ensemble maintenant ?

— Après un moment de silence, l'un des participants leva la main et expliqua que les problèmes de l'entreprise sont dus au manque de cohérence entre le nouveau modèle de management et la bonne gestion des ressources humaines.

— À cela, Hermann répliqua : comment se manifeste cette incohérence ? Depuis quand ?

— Les objectifs de nos dirigeants ne sont pas alignés avec nos valeurs personnelles et ne favorisent pas notre équilibre, répondit un autre. On ne trouve plus de sens au travail.

— Hermann : Y a-t-il déjà eu des tentatives de discussion avec la direction par le passé afin de faire savoir ce que vous ressentez ?

— Bien sûr ! Plaisantez-vous ? Nous ne sommes pas écoutés. Formulez des propositions et vous êtes systématiquement refoulés. Ils ne tiennent compte que des idées de leurs amis et refusent de voir la réalité en face. Chaque dialogue engagé échoue. Vous trouvez que tout ceci a du sens ?

À la demande du coach, des faits précis furent relatés par plusieurs participants avec une représentation très sombre de la situation. Écoutant attentivement chacun, Hermann s'imprégna de leurs doutes, interrogations et aspirations et leur témoigna un fort intérêt.

— Hermann : La cohésion d'un groupe est essentielle à la survie de l'entreprise. Je suis d'avis que tout ce que vous avez présenté est délicat. Certains parmi vous n'ont pas la reconnaissance attendue, d'autres peuvent ressentir de l'agressivité et de l'anxiété dans leur travail. Mais seules les crises insolubles ne sont pas dignes de tentatives de résolution. Pensez-vous que les problématiques décrites soient insolubles si chacun y met du sien ?

— Non, mais, allez le dire à nos employeurs qui vous paient cette journée ? Tout ce qu'ils veulent c'est qu'on soit à leur solde.

Habitué à ce qu'au début de ce type de séminaire, certains participants le perçoivent comme « un missionnaire » ayant un parti pris, Hermann prit de la distance par rapport à cette remarque. Il sait que, seule, une relation basée sur la confiance abaissera les résistances et favorisera l'implication de tous. Grâce à ses qualités de questionnement, Hermann réussit à faire lever les réserves de départ et faire verbaliser clairement la problématique.

— Hermann : je voudrais que vous sachiez que la plupart du temps les obstacles et conflits ne sont pas insolubles. Au contraire, ils offrent l'occasion d'opérer des changements constructifs et durables. De même, la traversée du désert pour une personne, qui génère de la souffrance psychologique, peut être un appel au progrès.

Une fois cette première étape franchie, les participants effectuèrent un travail de relecture des faits en essayant d'interroger à nouveau les interprétations et conclusions, reconsidérer les événements négatifs et apprécier les situations positives.

Au terme d'une journée très riche en échanges ponctuée par une forte implication de l'ensemble des participants, Hermann leur demanda de résumer, en quelques mots, les points marquants du jour. Le premier volontaire leva la main et s'exprima en ces termes :

— Cette journée de partage m'a permis d'identifier certaines pensées automatiques nocives. Même si la problématique de fond est réelle, il est tout à fait possible d'aborder les situations sous de différentes perspectives, prendre du recul, comprendre ses émotions afin de trouver des solutions.

— Un autre volontaire rajouta : je prends conscience que mon potentiel est faiblement exploité et ce n'est pas parce que j'ai fait face à un échec que je suis incapable d'atteindre le but. Cela peut signifier que mes ressources ont été insuffisamment utilisées, que le travail demande plus d'exigences ou que les conditions externes ne soient pas favorables à l'obtention du résultat.

Il existe des relations permanentes entre nos émotions, nos pensées et nos comportements. Ainsi, les croyances construites sur les expériences antérieures alimentent le sens que nous donnons à nos sensibilités et l'interprétation que nous pouvons prêter aux événements du présent, renchérit un voisin. Oui ! mais il ne faut pas ignorer l'importance de l'environnement. Il est vrai que notre perception de l'environnement découle souvent de représentations subjectives. Ces dernières guident ensuite nos actions, mais il n'en demeure pas moins que les facteurs internes propres à chacun se télescopent avec les agents externes qui échappent à notre emprise.

Améliorer son efficacité personnelle

« La chance ne sourit qu'aux esprits bien préparés. »

Louis Pasteur

PRINCIPE

Dès la naissance, et en continuité dans sa vie, l'être humain acquiert et développe des compétences variées applicables dans des domaines divers. C'est ainsi qu'au fur et à mesure des mois, le bébé passera par des étapes d'apprentissage telles que la tenue de tête, l'usage des mains, les premiers mots, les premiers pas. Chaque habileté lui permet d'élargir ses capacités en lui procurant un sentiment d'accomplissement.

L'acquisition d'un savoir-faire est donc un long processus mobilisant des énergies. L'enfant qui apprend à marcher par exemple, chute à plusieurs reprises, mais se relève et recommence, sous le regard soutenant de ses parents, se prouvant ainsi, qu'il est apte à y arriver. Pendant plusieurs mois, il répète indéfiniment l'effort de se redresser, pousser les chaises, la poussette. Ce faisant, il fortifie ses muscles, jusqu'au moment où, d'un pas déterminé, il se met à bondir gaiement, fier d'avoir réussi. Cette réussite n'est qu'un exemple parmi tous ceux qui lui donneront l'assurance d'avoir les facultés nécessaires pour atteindre un but. Ces réussites le motiveront les jours, les semaines, les mois suivants toujours vers d'autres explorations de ses capacités. D'autres expériences, en revanche, soldées par l'échec, seront sources de craintes ou renoncements.

À l'image de notre enfance, le quotidien est rythmé par des exigences et incertitudes faisant appel à nos ressources internes emmagasinées au fil des expériences. La somme des vécus et des leçons qui en ont été tirés se transforme en croyances puis se manifeste principalement sous deux formes : le sentiment d'efficacité personnelle et la capacité de maîtrise.

Sentiment d'efficacité personnelle

Dans le chapitre précédent, nous avions évoqué le phénomène de la « mémorisation » par lequel, l'être humain traite des informations tirées de ses expériences diverses, puis les consolide sous forme de croyances. Par ce mécanisme de consolidation de perceptions et d'anticipation, les victoires récoltées dans un domaine donné s'enracinent comme prédispositions à la réussite dans ce dernier, alors que les échecs ont l'effet inverse. On voit donc que le sentiment d'efficacité n'est pas une simple expression de souhaits, notamment quand elle est non alignée avec les croyances internes. De même, ces convictions ne sont pas extensibles à l'ensemble des champs, car nos croyances d'efficacité diffèrent d'une sphère à l'autre, d'une activité à l'autre. À titre d'exemple, un footballeur professionnel peut être confiant en son potentiel de jeu sur un terrain de foot, mais se sentir entièrement dépourvu de talents pour le basketball. Aussi, pourrait-il trembler en face d'un public d'à peine une centaine de personnes devant lequel il serait amené à prononcer un discours tandis qu'il joue devant des milliers de spectateurs. On comprend donc que le sentiment d'efficacité peut différer en fonction des objectifs ou obstacles en face. Mais pourquoi alors considérer que le sentiment d'efficacité joue un rôle crucial chez l'être humain si tant est que chaque personne bénéficie d'un niveau de sentiment d'efficacité variable selon les domaines abordés ? On pourrait être plutôt tenté de dire que si chacun devait concentrer ses efforts dans les activités pour lesquels il dispose d'un sentiment d'efficacité élevé, chacun tirerait le meilleur parti de lui-même sans trop de souffrances. Trois raisons principales vont à l'encontre de cette approche qu'on pourrait nommer « les choix spécialisés ». La première, c'est que le sentiment d'efficacité est le fondement de nos décisions et de nos actions et donc des résultats pouvant être projetés. Il existe une interaction dynamique entre sentiment d'efficacité et issues. Le sentiment d'efficacité entraînant l'action permettant d'obtenir le résultat et à la fois définissant l'ensemble des possibilités d'issues envisageables selon que l'on se sent apte ou non dans un domaine ou une activité donnée. Croire pouvoir réussir augmente les chances d'essayer, voire réessayer. Face aux échecs, les personnes se sentant sûres d'elles auront tendance à analyser les défaites comme conséquence d'efforts insuffisants. Elles peuvent également les voir comme une stratégie mal conçue, un défi supplémentaire à relever. Sauf en cas de force majeure, ces personnes montreront plus de résilience face aux difficultés, parce qu'elles auront la certitude que la solution reste à leur portée. Alors qu'en présence d'un faible sentiment d'efficacité, l'échec serait probablement interprété comme une confirmation d'inaptitude, une situation normale jugée insurmontable, une menace. Cette vision pessimiste nourrit le stress, l'anxiété, le renoncement et les perspectives limitantes. Douter de sa valeur dans un domaine donné conduit à limiter les efforts déployés dans ce dernier et tôt capituler précocement en subissant des obstacles par manque de motivation et d'aspirations. La deuxième raison, et non des moindres, est l'interconnectivité fonctionnelle entre différents domaines de vie. Les sentiments d'efficacité ne sont pas entièrement cloisonnés ou intégrés verticalement par domaines de vie. Ils sont influencés par des réseaux de transmission d'information relative aux ressources internes. L'augmentation de la confiance ou de l'humeur dépressive dans un domaine donné peut accentuer la confiance ou la dépression d'un ensemble d'autres domaines appartenant à la même zone d'interdépendance. Du fait de la proximité ou de l'interopérabilité qui engendre de nouvelles perceptions d'efficacité sur ces autres domaines. De plus, l'ampleur de ces dépendances peut croître ou diminuer en raison des multiples interactions dynamiques entre les expériences et leurs conséquences sur nos vies. La question des interdépendances dynamiques entre les domaines de vie complexifie l'approche de spécialisation des choix. En réalité, le problème de fond serait d'identifier précisément les domaines de vie compatibles avec un niveau de sentiment d'efficacité et mesurer les impacts potentiels. En outre, la conjonction des niveaux de sentiment d'efficacité aboutit à un sentiment plus général d'efficacité qui, par l'effet domino, se propage aux systèmes cérébraux. Cette évaluation globale de soi porte un nom assez connu : « estime de soi ». L'estime de soi reflète la valeur subjective qu'un individu s'accorde. Un niveau général faible de sentiment d'efficacité pourrait avoir, pour conséquence, l'accentuation de l'anxiété ou permettre une amélioration de ce même sentiment dans des domaines spécifiques, lorsque le niveau général est plus élevé. La troisième raison pour laquelle le sentiment d'efficacité joue un rôle crucial dans la vie humaine est sa réversibilité. Le sentiment d'efficacité n'est ni héréditaire ni constitutionnel. Bien au contraire, il se développe progressivement au travers des perceptions établies sur la base des expériences diverses et d'autres paramètres liés à l'environnement qui seront abordés plus tard.

Il est donc possible de tirer profit de la grande capacité de notre cerveau à enregistrer de nouvelles informations en modifiant un sentiment d'efficacité non désiré. Les modifications du sentiment d'efficacité découlent de la mémorisation d'un nouveau processus de croyance. En réalité, le plus important n'est pas l'information transmise par des événements, mais plutôt l'interprétation que nous en faisons, la lecture qui est faite des indicateurs comme mesure de l'efficacité. En agissant sur le traitement de l'information de manière convaincante et répétée, nous pouvons créer un nouveau mécanisme de croyances. La présence d'un autre mécanisme de croyances s'accompagne de la mise en réseaux avec d'autres processus. Ces derniers vont provoquer une modification du sentiment d'efficacité, car une nouvelle croyance ne se développe pas de façon isolée, sans influence interactive dynamique avec les croyances préexistantes.

L'efficacité n'est pas simplement un ensemble de résultats machinalement produits par des actes menés par un individu dans un domaine donné. Elle nécessite la mobilisation de sous-aptitudes diverses que les personnes nourrissant un fort sentiment savent exploiter rapidement lorsqu'elles les ont ou cultiver lorsqu'elles ne les ont pas. A contrario, les personnes ayant un faible sentiment d'efficacité pour une activité ou un domaine sont facilement sujettes au découragement. Elles sont moins aptes à saisir les opportunités qui se présentent, car l'action est avant tout dirigée par les systèmes de croyances. Si les sentiments d'efficacité varient chez un individu d'un domaine à l'autre, par des interactions dynamiques par zones de domaines, ces sentiments liés à un domaine, influencent d'autres, par proximité ou interopérabilité. La somme de l'ensemble des différents sentiments d'efficacité crée un niveau global d'évaluation de soi connu sous le terme d' «estime de soi». Enfin, les sentiments d'efficacité ne sont pas figés, car ils ne sont pas héréditaires. Ils sont donc modifiables. Cependant, si un fort sentiment d'efficacité est le fondement des actions, il ne se transforme pas tout seul en résultats. Il ne suffit pas de penser pour agir.

Maîtrise des capacités

La production d'un système procède de la combinaison de l'ensemble de ses ressources fertiles. En théorie économique, on dit que la production est fonction du travail et du capital (dont le capital humain). Le capital humain désignant l'ensemble des aptitudes et talents qui rendent les individus productifs. Les composantes du capital humain sont principalement le savoir, le savoir-faire, les valeurs, la santé.

Ensemble, ces composantes ont la possibilité de générer une quantité maximale d'extrants (résultats théoriques). La quantité maximale de résultats pouvant être émise par un système désigne sa capacité. Cela signifie qu'un être humain, lui-même en tant qu'unité de production, dispose à tout moment d'un volume maximum de rendement potentiel basé sur ses facultés et talents, lorsqu'il fonctionne dans des conditions optimales.

Comme on pourrait s'en douter, la production effective (résultats atteints) peut être inférieure (ce qui est souvent le cas) à la production maximale théorique possible et cette dernière inférieure à la production attendue (objectifs). Lorsque la production effective est inférieure à la production maximale possible, on parle de sous-utilisation des capacités. D'autre part, lorsque la production maximale théorique est inférieure à la production attendue (objectifs), on parle de sous-dimensionnement de capacité. La capacité maximale étant une contrainte supérieure à la capacité de production, leur développement devient central. Le cas «sous-dimensionnement» des capacités fera l'objet du prochain chapitre.

Dans le premier cas (sous-consommation), étant donné que les résultats atteints dépendent fondamentalement de l'usage des capacités, quels sont les facteurs réduisant la possibilité pour un être à en faire plein usage? Soyons sans parti pris, il est très difficile de mesurer avec précision le taux d'utilisation des capacités individuelles, notamment parce que nos domaines d'actions sont hétérogènes. En revanche, par observation empirique, on remarque qu'à compétences égales, un même individu atteint différents niveaux de résultats à différentes périodes.

En moyenne, un individu se sait susceptible de produire une performance donnée, mais la capacité mobilisée à tout instant varie autour de cette moyenne. Certains facteurs contextuels tels que les états affectifs, la connaissance procédurale, les relations interpersonnelles, l'accès à l'information sont autant de facteurs pouvant aider ou freiner l'individu dans l'exploitation réelle de ses capacités. Par congruence, l'état affectif dans lequel nous nous trouvons influence le sentiment de bien-être, nos pensées, perceptions et jugements. Selon que ces facteurs subissent une influence positive ou négative de l'affect, on peut s'attendre à une performance plus ou moins élevée. En effet, l'être humain a plus tendance à produire ses évaluations en y mêlant ses émotions plutôt qu'en traitant de façon neutre l'information. Les évaluations faites dans une bonne humeur ont de bonnes chances d'être différentes de celles réalisées en étant de mauvais tempérament. Par exemple, lorsque nous sommes en joie, nous avons plus tendance à accentuer l'aspect positif des événements et à avoir des pensées optimistes, alors qu'inversement, en phase de tristesse, la dominance serait plutôt négative. En réalité, lors du traitement d'une information, le principe d'interconnexions entre circuits neuraux s'applique en stimulant les réactions émotionnelles et comportementales compatibles avec l'état d'affect. L'affect agit sur la motivation, la capacité de prise de décision, les mécanismes d'adaptation au stress, l'approche d'action et leurs conséquences. Les succès obtenus dans la joie peuvent décupler nos capacités, et vice versa. Par ailleurs, les échecs rencontrés dans un état d'affect positif ont potentiellement des effets limités sur les capacités. En phase de tristesse, un échec peut entretenir une spirale de désespoir encore plus profonde, voire engendrer une dépression. Les relations interindividuelles sont également primordiales. Dans le chapitre ***Désamorcer ou résoudre les conflits***, nous détaillerons la manière dont nos rapports avec les autres (en couple, en famille, entre amis, etc.) sont une composante essentielle de notre vie et de nos actions. Être en présence d'une personne très confiante et faisant montre de grande efficacité peut empêcher un individu de s'exprimer à la hauteur de ses compétences et d'atteindre un niveau d'efficacité couramment atteint par le passé. À l'inverse, la présence d'une personne moins confiante peut avoir pour implication d'augmenter les performances de l'autre. Néanmoins, il n'y a pas un rapport déterministe en ce qui concerne le sens de l'impact. Une personne confiante peut également inspirer confiance et élever le taux d'utilisation des capacités des autres membres de son entourage (famille, amis, équipe, etc.). Inversement, une personne moins confiante peut réduire le taux d'utilisation des capacités des autres par effet de lassitude. Par exemple, lorsqu'il s'agit d'un collaborateur direct qui fait peser sur les collègues, l'essentiel des tâches. Un autre exemple, un manager qui, par peur de prendre des décisions, ne parvient pas à tirer profit des connaissances et propositions de son équipe. Dans un contexte concurrentiel, plus l'adversité sera élevée, plus le seront les risques de vulnérabilité et donc, plus il sera nécessaire de raffermir son sentiment d'efficacité. Tandis que, dans un contexte collaboratif sain, l'amabilité (à ne pas confondre avec la condescendance) et la confiance (à ne pas confondre avec la fourberie) contribueront à renforcer le sentiment d'efficacité. En résumé, les rapports interindividuels ne sont pas neutres dans l'usage qui peut être fait à tout instant des capacités individuelles. L'état de la communication, l'accès à l'information, la transparence sont autant d'éléments qui viendront affecter notre engagement et nos motivations, en milieu professionnel ou dans notre vie privée. Tout dépend si les relations sont fondées sur de la concurrence, la bienveillance, l'esprit de partenariat, ou encore un renoncement. Enfin, un facteur d'influence de capacité majeur est la connaissance procédurale. On fait référence ici à l'ensemble des connaissances et procédures nécessaires à l'accomplissement d'une tâche spécifique. Elle s'acquiert en général par l'expérience et s'exécute spontanément sans réflexion comme lorsqu'une personne prend sa douche. Une information mal partagée conduit inéluctablement à une mauvaise appréciation des exigences de l'activité, des capacités mobilisables, une préparation médiocre et donc une altération des performances.

La connaissance procédurale joue un rôle essentiel dans le milieu professionnel. Au sein d'une entreprise, un ensemble de règles d'organisation sont formalisées et dépeignent les «bonnes façons de se conduire». Ces règles permettent de décrire les rôles, droits, devoirs et responsabilités des différents acteurs. Un employé connaissant les procédures s'assurera ainsi de respecter ses obligations professionnelles, de traiter convenablement les situations tout en réduisant les risques auxquels s'expose l'entreprise, mais, de même, il saura faire valoir ses droits. Prenons l'exemple des sollicitations envoyées par un supérieur hiérarchique, par messagerie professionnelle, en dehors des jours travaillés. Ces cas sont très fréquents et constituent une source intense de stress pour les employés. À moins de savoir qu'en vertu du droit à la déconnexion, de telles sollicitations doivent être justifiées par leurs gravités, leurs urgences et leurs caractères exceptionnels. Lorsque vous ne maîtrisez pas vos procédures internes, vous vous exposez au stress, à la faute et à la violation des restrictions, donc aux sanctions allant du blâme, la rétrogradation au licenciement. C'est aussi le cas du Code du travail qui organise les relations entre les employeurs et les employés. La méconnaissance, par l'une ou l'autre des parties, peut conduire à des conséquences considérables. Comme en entreprise, la société est structurée par un code de conduite à connaître, mettre en application pour ne pas s'exposer aux sanctions. La plupart de ces normes ne sont pas formalisées, mais relèvent plus du bon sens et des us. Néanmoins, certaines sociétés consignent ces règles dans des documents référencés tels que le Code civil, code pénal, code la route, code de la santé publique… en France. La violation des règles essentielles de la société, comme en milieu professionnel, entraîne des conséquences importantes (cf. chapitre ***Désamorcer ou résoudre les conflits***).

En résumé, dans des circonstances différentes, une même personne peut produire des performances bonnes ou mauvaises, selon les variations de l'usage qu'elle arrive à faire de ses capacités.

Les aptitudes personnelles peuvent être facilement accentuées ou diminuées par l'affect, l'environnement et les moyens disponibles qui agissent en facilitateurs de performances comme un tableau Excel pour des calculs complexes.

Jusqu'ici, nous avons examiné le processus par lequel les dispositions psychologiques produisent des effets particulièrement importants sur les performances et donc sur les résultats d'une personne. Néanmoins, ce n'est pas parce qu'un travail est effectué sur les aspects psychologiques, que les résultats suivent. Entre le mental et les résultats, il faut les actions, des choix opérés en fonction des solutions en présence, afin de faire subvenir les événements.

Est-il possible d'avoir un sentiment d'efficacité et des capacités élevées et ne pas pouvoir agir convenablement dans le but d'obtenir des résultats désirés ? Comment serait-ce envisageable ? Cela peut sembler absurde, cependant, il est très fréquent que certains facteurs viennent inhiber le passage à l'action. La maîtrise du comportement est une troisième source de l'efficacité personnelle.

Maîtrise du comportement

Ce n'est pas parce qu'on a un sentiment élevé d'efficacité ou de grandes capacités qu'on agit systématiquement et de manière appropriée, pour obtenir les résultats désirés. Vous est-il déjà arrivé de penser à une action à faire, être conscient d'avoir toutes les clefs en main pour l'accomplir et malgré cela, rester statique ou repousser les échéances ? Il est courant que des facteurs, qu'ils soient internes ou externes, viennent annihiler notre passage à l'acte, peu importent nos sentiments d'efficacité ou l'état de nos capacités. Prenons l'exemple de 2 facteurs largement étudiés en psychologie et bien connus de tous : le perfectionnisme et la procrastination. Le perfectionnisme est une forme d'obsession pour la perfection qui amène l'auteur à apporter un soin extrême et exagéré au travail qu'il accomplit. Or, les conditions idéales ne sont quasi jamais réunies pour mener les tâches comme on le souhaite et dans les délais impartis. Par conséquent, ces personnes se retrouvent prisonnières du doute, la crainte du moindre écart, la culpabilité, et une insatisfaction permanente face à tout ce qui est fait. Cette boucle d'insatisfaction et de culpabilité, mêlée à la conscience qu'il dispose de moyens limités, risque d'entraîner une forme de paralysie d'action, les rendant incapables de poser le moindre acte. On retrouve souvent ces cas chez les personnes performantes et confiantes en elles, qui s'infligent des standards très élevés et difficiles à atteindre. Une fois l'équilibre rompu entre les délais de réalisation et la qualité à atteindre, et en s'attardant trop sur des détails sans grande importance, on perd de vue « le principal ». Finalement, le perfectionnisme qui semble être « une qualité exceptionnelle » peut être porteur d'inconvénients dévastateurs pour l'auteur lui-même en premier, et les bénéficiaires de l'acte attendu. Un autre facteur paralysant pour l'action est la procrastination. S'apparentant à la paresse, il s'agit d'une tendance systématique à différer ses décisions ou l'exécution de ses tâches. L'adjectif « systématique » prend ici toute son importance. En effet, il peut arriver à chacun de nous de reporter l'accomplissement d'une tâche au profit d'une autre, ou simplement, pour récupérer d'une période de fatigue. Mais la procrastination prend la forme d'une habitude chronique d'ajournement, peu importe le type de tâche (privé, professionnel ou autre), et ce, malgré la pleine connaissance des conséquences possibles. Comme le perfectionnisme, la procrastination affecte gravement le bien-être et la santé.

Le perfectionnisme, la procrastination et d'autres facteurs de sources endogènes résultant d'une défaillance d'autorégulation sont autant de paramètres qui mettent en évidence le déterminisme du comportement dans les performances de tout être humain. En clair, une personne peut échouer, quels que soient ses aptitudes et son niveau de sentiment d'efficacité, si elle n'adopte pas les comportements adaptés à chaque circonstance.

Le comportement peut se définir comme « la manière de se conduire », c'est-à-dire la succession d'actions produisant un résultat donné. Si l'on analyse de façon générale le comportement d'un individu sans intégrer les influences de facteurs exogènes, il apparaît une certaine similarité dans les actes dans le temps et à travers différentes situations. On parle de cohérence comportementale. Autrement dit, lors de situations analogues, on considère qu'à moins de modifier ses process comportementaux, un individu aura tendance à agir globalement de la même façon, notamment lorsqu'il s'agit de comportements spontanés. L'observation de cette cohérence comportementale sous-tend donc que « la manière d'agir » d'un individu peut être prédite par quatre déterminants à savoir l'intention, l'attitude, le contexte situationnel et la valeur associée à la finalité. Nous avons, en partie, traité du contexte situationnel dans le paragraphe sur la maîtrise des capacités et y reviendrons dans le paragraphe consacré aux influences externes. Nous évoquerons également plus tard, la question de la valeur associée à la finalité. Ces deux facteurs exogènes échappent au contrôle. En revanche, l'intention et l'attitude procèdent de processus mentaux internes. L'intention traduit la décision consciente ou non, d'une personne, de produire ou non un ou plusieurs actes visant un but donné, en dépit des risques d'échec. L'attitude quant à elle renvoie au sentiment général, à la catégorisation positive ou négative qu'une personne peut avoir à l'égard d'un être, d'un objet, etc.

On s'aperçoit alors que dans nos transactions quotidiennes, les actions succèdent à des mécanismes de pensées liés à l'intention et à l'attitude. Avant d'agir, on interprète la situation, on choisit une ligne de conduite en se basant sur nos normes personnelles, ensuite on imagine le scénario et nos capacités à faire en anticipant le résultat et enfin opère des choix. Fort heureusement, nos choix ne sont pas déterminés par notre environnement. Choisir est un pouvoir existentiel qu'un être humain exerce **librement** en cohérence avec ses intentions et son attitude, ce qui fait de lui le principal architecte des « résultats souhaités et provoqués ». Comme on entend souvent dire « renoncer, c'est aussi choisir ». L'être humain, agissant donc suivant une cohérence, a besoin de se convaincre qu'il a la capacité de maîtriser le cours des choses par action ou par l'action des autres qu'il induit. Le point de départ de la maîtrise du comportement revient donc au contrôle personnel de l'intention et de l'attitude dont la fonction fondamentale est de procéder à des choix, sinon on parlerait de « comportements impulsifs ».

Exercer ses aptitudes de contrôle demande à l'être d'harmoniser ses connaissances avec ses compétences cognitives et émotionnelles. Le contrôle personnel est dans ces conditions une procédure interne qu'engage un individu afin de vérifier la cohérence de ses choix avec ses croyances et décisions. Cette procédure lui procure la liberté d'opérer de multiples choix et d'ajuster son comportement de sorte à provoquer les résultats souhaités. Le contrôle personnel prend en général deux formes, en fonction des situations : le contrôle par l'action et le contrôle par délégation. Le contrôle par l'action se traduit par l'assurance que ses actions personnelles produiront les résultats souhaités. Cette forme de contrôle, pousse à la mobilisation de ressources personnelles, l'adoption de comportements spécifiques afin de provoquer les résultats désirés. Le contrôle par l'action rend l'individu personnellement maître de ses réussites.

Le contrôle par délégation, quant à lui, consiste à avoir la certitude que l'action d'autres personnes peut aider à produire les résultats souhaités. Cette forme pousse à la mobilisation de ressources extérieures et la délégation à ces dernières de comportements spécifiques afin d'en tirer bénéfice et provoquer les résultats désirés ou de réduire l'impact négatif des échecs. Les deux formes ainsi décrites sont également bien documentées dans la théorie du comportement planifié.

Comme démontré dans le chapitre « Vaincre ses peurs, stress et anxiété-traits », une vision négative des capacités à surmonter une situation ou provoquer un résultat désiré influence directement le niveau de stress/anxiété. Concrètement, l'incapacité à influencer les événements significatifs peut susciter des sentiments d'inutilité. A contrario, une vision de contrôle permet d'éviter les réactions dépressives, de choisir quasiment le cours des événements et de les façonner à souhait. L'une des caractéristiques principales que l'on observe chez les leaders et cette capacité à **CHOISIR** précisément le comportement, que ce comportement soit exécuté par eux-mêmes ou par d'autres.

Quels liens peut-on établir entre maîtrise du comportement, maîtrise des capacités et sentiment d'efficacité personnelle ?

Les performances sont grandement liées à l'ensemble des efforts fournis en matière de comportement adopté ou provoqué. Atteindre des performances élevées nécessite une intention d'engagement et une attitude persévérante en dépit des nombreuses difficultés rencontrées. L'attitude et l'intention qui sous-tendent la persistance dans un comportement efficace sont fortement influencées par l'évaluation qu'un individu se fait de ses propres capacités et le niveau d'utilisation de ses capacités. Lorsqu'une personne se sent de faible capacité pour réaliser un comportement, elle peut agir mal à propos ou renoncer à l'action. L'action inefficace ou le renoncement vont entretenir cette évaluation, réduire les opportunités de mobiliser les compétences pour agir efficacement et pousser vers une perte de contrôle. De plus, l'effet combiné des évaluations négatives aura pour conséquence un affaissement du sentiment d'efficacité personnelle de la zone de domaine. Comme vu plus haut, les influences dynamiques par zones de domaines, vont provoquer la baisse du sentiment d'efficacité d'autres domaines et donc de l'estime de soi en général.

Contrairement au faible sentiment d'efficacité, un fort sentiment d'efficacité augmente la certitude de pouvoir agir efficacement pour provoquer les résultats souhaités à travers une attitude positive et une intention de réussite. Ces personnes pensent le plus souvent disposer des capacités nécessaires ou savent que les capacités sont modifiables. Elles s'estiment, alors, en mesure de les acquérir. Bien qu'en général, les performances réalisées sont en dessous de leurs capacités estimées, ces personnes, par leurs efforts persévérants, obtiennent des résultats supérieurs à la moyenne.

On observe donc 2 philosophies : la philosophie qui découle d'un faible sentiment d'efficacité dans un domaine. Elle consiste à considérer les performances faibles comme une résultante normale des niveaux de capacités innées faibles et donc auto-inhibant pour le comportement efficace. Plus encore, les succès parfois arrachés au bout d'efforts soutenus malgré le faible sentiment d'efficacité peuvent confirmer le sentiment d'inaptitude, au lieu de jouer un rôle de stimulateur. En revanche, la philosophie qui découle d'un sentiment d'efficacité élevé traite les faibles performances comme un effort insuffisant sur le plan de l'efficacité comportementale, de sous-utilisation de capacités ou de capacités supplémentaires à acquérir. Cette vision place définitivement le sujet dans une démarche d'amélioration continue qui renforce de façon permanente la confiance en soi.

Les interactions entre sentiment d'efficacité personnelle, maîtrises de capacités et du comportement sont les principaux prédicteurs des résultats atteints.

En résumé, croire pouvoir réussir augmente les chances d'essayer, voire réessayer (sentiment d'efficacité personnelle). Mieux encore, savoir que l'on dispose déjà des connaissances, compétences et expériences nécessaires ou que l'on peut les mobiliser (maîtrise des capacités) nous pousse à agir efficacement. Il restera donc à déclencher une succession de choix pour atteindre les buts (maîtrise du comportement). Le sentiment d'efficacité personnelle joue toutefois un rôle pivot, car c'est en lui que viennent s'ancrer les leçons découlant des évaluations ex ante des compétences et résultats ex post des comportements. Les leçons ainsi enracinées vont conduire à une confirmation de l'évaluation des capacités et orienter le contrôle exercé a posteriori sur l'attitude et l'intention. Au même moment, ces leçons vont parallèlement alimenter le niveau général de confiance en soi.

Nous avons en particulier insisté sur les termes « persévérance », « effort », car l'action facile n'existe pas ou du moins pas souvent. Nous avons également démontré comment la chaîne buts – choix-actions – résultats vient nourrir le **sentiment d'efficacité personnelle** qui à son tour influence l'avenir. Mais, on peut légitimement se demander si tous les résultats/échecs influencent le sentiment d'efficacité et au sens plus large de la confiance en soi. La réponse est sans nuance : **NON.** Chantez-vous mal ? Et alors ? Quelle importance si vous n'avez pas des ambitions de carrière musicale ? Vous n'êtes pas à l'aise en jargon informatique ? Quelle importance si ce n'est ni une attente dans vos responsabilités professionnelles ni un désir de conversion ? Vous êtes incapable de courir le marathon ? Cela change-t-il quelque chose, du moment où, vous n'êtes ni sportif professionnel et vous contentez bien de votre activité physique de maintien de forme ? Chaque être humain opère ses choix en fonction de l'autosatisfaction qu'il peut en tirer et de la valeur qu'il accorde au résultat.

Le sentiment d'efficacité est affecté en fonction du poids relatif que nous accordons à l'activité en question. On parle de valeur fondamentale du résultat.

Valeur fondamentale du résultat

Par nature, un individu s'interroge sur le sens de ses actions. Cette construction de sens est subjective et s'appuie sur les valeurs fondamentales personnelles, les expériences antérieures, les interactions avec le collectif et la reconnaissance reçue des autres.

Dans le cadre du travail par exemple, le sens peut dépendre de la nature des tâches accomplies, l'importance de la place accordée à l'employé, des contraintes organisationnelles, les rémunérations. Ce sens définit l'attachement de l'individu à son travail.

Agir de manière satisfaisante pour résoudre des défis ou exécuter des tâches, sollicite du sujet, la mobilisation de façon intégrée de ses ressources internes (savoirs, savoir-faire et attitudes). L'acuité de cette mobilisation de ressources est influencée par une dimension affective personnelle qui constitue la valeur que le sujet accorde aux résultats produits. Si les progrès effectués répondent uniquement à des prescriptions externes sans apporter à l'acteur même des bénéfices personnels le motivant, la productivité s'en trouve fragilisée.

En effet, lorsque les résultats projetés sont désirés, car procurant une satisfaction personnelle profonde ou contribuant à la construction d'un soi imaginé, ils orientent l'intensité, la direction et la persistance des efforts. L'individu adhère donc pleinement à la recherche du succès. On parle de « motivation ».

Le postulat de départ est que l'homme est toujours libre de ses choix et qu'il agit toujours dans le but de satisfaire un besoin, un but attractif. Le besoin peut être physiologique (se nourrir, se vêtir, se loger, etc.), sécuritaire (se protéger, protéger ses proches), social (s'intégrer à un groupe, développer ses relations), d'estime, de réalisation de soi, ainsi de suite. Pour le satisfaire, l'homme se pose la question suivante « que vais-je obtenir par ma performance ? », quelle est la valeur fondamentale des résultats qui seront obtenus ? L'évaluation de cette valeur essentielle détermine l'énergie qui sera déployée. Ainsi, le sentiment d'efficacité, les capacités et le comportement sont plus facilement mobilisés au service de la performance, car leur fruit satisfait un besoin désiré.

Dans le cadre professionnel, le besoin d'accomplissement, d'estime de soi, de pouvoir, de reconnaissance, de changement de statut social conditionne l'énergie et la passion avec lesquelles une personne s'engage dans ses tâches.

Le futur imaginé se transforme en facteurs motivateurs du comportement. Le but devient donc une boussole qui oriente les choix et les actions. Il s'agit d'un processus motivationnel basé sur des anticipations d'états futurs qui doit s'entretenir jusqu'à ce que le but soit atteint.

À nos yeux, le futur imaginé peut sembler lointain, trop lointain pour pouvoir maintenir continûment l'implication nécessaire dans les activités. Même lorsque l'on se sent très efficace et débordant de confiance, les objectifs difficilement atteignables peuvent être source de découragement et de doutes sur soi. Pour y échapper, des événements significatifs doivent jalonner la route et permettre de célébrer les progrès. Ces événements sont des étapes intermédiaires, qui, lorsque franchies, apportent du carburant au processus motivationnel, car elles démontrent à l'individu qu'il est bien engagé sur le chemin de la maîtrise progressive des enjeux conduisant au succès.

L'autosatisfaction découlant de la réalisation des étapes intermédiaires est d'une si grande importance pour l'homme, qu'elle dépasse même la satisfaction finale de la réussite. Dans un contexte professionnel, que l'employé occupe son poste pour des besoins physiologiques ou d'aspiration à la réalisation personnelle, son implication dans le travail dépendra des petites gratifications intermédiaires qu'il retire de ses actions. Ces gratifications peuvent prendre la forme de reconnaissance du manager, impression d'écoute, autonomie, confiance accordée, etc. En fait, l'état futur imaginé conditionne l'effort et la performance et les récompenses intermédiaires assurent le maintien du désir du résultat final, la persistance des efforts voire la recherche d'objectifs plus élevés.

Les buts désirés aident le sentiment d'efficacité à se consolider en fournissant à l'homme les indices pour s'évaluer. Ces indices sont véhiculés au fur et à mesure des actions à travers les récompenses intermédiaires récoltées à chaque étape. En fonction des informations de ces récompenses, le sentiment d'efficacité, à son tour, agit comme régulateur des buts. Il régule les buts qu'une personne se sent en mesure de décider volontairement de poursuivre, partant du postulat de la liberté de choix dont elle jouit.

Cette fonction de régulation exige que la personne sache, avant d'agir, le but qu'elle poursuit. Elle doit le désirer afin qu'au fil des tentatives, il se nourrisse du désir de poursuivre ses efforts. En l'absence de ces éléments, l'individu n'a pas la capacité à donner une direction désirée à ses choix. Il ne pourra pas décider des capacités à mobiliser, comprendre le comportement à adopter, ni contrôler et maintenir ses efforts dans le temps. De surcroît, la finalité étant souvent lointaine, les efforts doivent être concentrés utilement à travers de petits objectifs facilement atteignables à court terme pour éviter l'effet soporifique des projections lointaines.

En synthèse, la valeur intrinsèque des résultats issus des performances est une condition à la mobilisation des ressources internes par un acteur au profit d'un objectif, peu importent son sentiment d'efficacité et ses capacités. Le but étant souvent lointain, les récompenses intermédiaires jouent un rôle essentiel de canalisateur d'énergie et de comportements grâce à l'autosatisfaction qu'elles engendrent. Elles prennent la forme de reconnaissance du manager, sentiment d'écoute et de pouvoir de changement, autonomie, confiance accordée, d'acquisition de plus de responsabilités, etc. Elles contribuent grandement à rassurer l'individu sur sa maîtrise progressive au travers des indices de progrès. Ces indices nourrissent le sentiment d'efficacité qui à son tour fortifie l'implication, les stratégies utilisées et l'intensité des efforts.

Influences externes

Dans les paragraphes précédents, nous avons abordé la façon dont un être humain s'adapte pour s'appuyer sur des facteurs rationnels et irrationnels dans le but de moduler son comportement.

Les facteurs rationnels sont les capacités acquises par l'éducation, l'expérience et les facteurs irrationnels se réfèrent au sentiment d'efficacité, l'intention, l'attitude, la valeur intrinsèque accordée aux résultats obtenus. Souvenez-vous de la notion de la « cohérence comportementale » selon laquelle « la manière d'agir » d'un individu est déterminée par l'intention, l'attitude, la valeur associée à la finalité, le contexte situationnel. Nous avons commencé à traiter du contexte situationnel comme résultante des rapports interindividuels. À titre illustratif, nous avons décrit dans quelle mesure l'état de la communication, l'accès à l'information, la transparence ressentie, sont des éléments qui viendront affecter les motivations individuelles. Cela démontre qu'au-delà des comportements propres à chaque individu, les relations interpersonnelles sont également susceptibles d'influencer les performances.

Une spécificité des sociétés humaines est l'existence d'un ensemble de règles au sein des groupes, qui définissent l'acceptabilité et le caractère approprié ou non d'un comportement guidant ainsi la « manière d'agir » des membres. L'être humain est donc continuellement soumis aux attentes et jugements des autres, et ceci dès la toute petite enfance, dans le cercle familial. Les choix individuels sont sans cesse jugés, évalués et comparés socialement. Il se crée dès lors, entre les uns et les autres, un lien permanent de transformation par influence réciproque. Très tôt, l'enfant prend pour parole d'évangile les valeurs véhiculées par ses parents et comme référence, les normes qui lui sont imposées. Mais au fur et à mesure qu'il grandit, les expériences vécues au sein d'une communauté plus large et des relations avec ses pairs de l'école et du quartier lui donnent de nouvelles perspectives d'interprétation. C'est ainsi que tout au long de son existence, l'individu réévaluera son sentiment d'efficacité, ses capacités et réorientera ses actions. Pour ce faire, il procède par comparaison aux autres et en recevant également, de leur part des jugements sur ses actes.

Un moyen par lequel le changement de l'individu s'opère est la comparaison sociale. Elle fait précocement son apparition au plus jeune âge de l'enfant. En milieu scolaire, l'enfant découvrira les systèmes de notation qui classent « du plus fort au plus faible ». En obtenant d'excellents résultats, l'enfant se forge progressivement un sentiment d'efficacité élevé. La valorisation de l'environnement (cadre familial et scolaire) autour des résultats de l'enfant aura, pour effet, de renforcer sa confiance en ses capacités, et édifiera son engagement et ses rêves.

Comme on peut s'en douter, l'opposé est également vrai. La comparaison sociale d'un enfant obtenant des résultats plus modestes avec ses pairs (cercle familial, cadre scolaire) s'accompagne pour lui généralement, d'une faible confiance en soi. Par conséquent, l'enfant abaisse ses aspirations et sa persévérance. Néanmoins, si l'enfant a conscience que ses résultats ne reflètent pas les limites de ses capacités, mais juste son état de connaissance actuel tout à fait modifiable, l'impact négatif des échecs est diminué.

Comme le cadre décrit ci-dessus, nos actions (toutes sphères confondues) se déroulent dans un environnement social soumis aux influences (directes et indirectes) des autres.

Les influences directes sont liées aux évaluations qui sont exprimées par les autres au sujet de nos résultats, mais également des moyens que nous avons mis en œuvre.

Prenons l'exemple d'un objectif atteint à 90 % dans le cadre d'un travail qui vous a été assigné par votre manager. Si le manager vous valorise pour les 90 % atteints tout en vous exprimant son souhait de voir le taux de réalisation à 100 %, il y a de fortes chances que cela vous incite à poursuivre vos efforts. A contrario, si votre manager se focalise sur les 10 % restants et vous dévalorise, le risque est de voir votre confiance sapée et vos efforts inhibés. Il est ahurissant de voir parfois, à quel point, certains managers se focalisent sur des détails pour dévaloriser leurs collaborateurs, quand bien même ces derniers auraient accompli un travail remarquable, en temps limité. Les critiques acerbes qui insistent sur les écarts comme des carences au lieu de valoriser le «déjà fait» comme preuve d'une capacité à faire plus et faire mieux, annihilent la volonté, abaissent la confiance et sapent les aspirations. Si l'environnement nous persuade que nous avons les capacités nécessaires pour atteindre un objectif, nos croyances s'en trouvent renforcées et il est plus facile de maintenir une attitude résiliente face aux difficultés. Dans le cas contraire, l'évaluation négative reçue opère comme preuve de lacunes ou d'incapacités. Toute la nuance entre les critiques constructives et dépréciatrices se situe à cette frontière, entre la possibilité de s'améliorer sur la base des apports des autres, ou renoncer et s'exclure.

Mais, l'influence de l'environnement se manifeste souvent d'une autre manière: par les stimulations transférées de notre environnement vers nos modes de pensées et d'action. Le fait d'évaluer dans un environnement où nos semblables atteignent des performances remarquables peut produire un effet positif d'autostimulation nous poussant à élever nos standards personnels de comportement ou parfois, nous entraîner vers l'autodévalorisation. Une chose est certaine, le mode de pensées, les efforts et les aspirations d'un tiers ont de fortes chances de diverger selon que ce dernier se trouve dans un environnement efficace ou toxique.

En somme, les facteurs externes apportent des informations complémentaires sur nos compétences, nos capacités. Lorsque ces informations sont cohérentes avec l'évaluation que nous nous faisons de nos propres capacités, elles agissent comme éléments de confirmation. À l'inverse, si les informations sont contradictoires avec nos évaluations personnelles, elles se heurtent aux facteurs intrinsèques, pour produire une nouvelle évaluation. C'est le cas par exemple, lorsqu'une personne ayant un niveau élevé d'estime de soi obtient des succès dans des conditions difficiles ou se voit féliciter pour ses efforts laborieux. Le message final pourrait être une confirmation d'aptitude, ou bien à l'inverse, une révision à la baisse de l'estime de soi. Ceci s'explique par le fait que le résultat n'a pas été obtenu par l'action heureuse des capacités, mais au prix d'efforts laborieux. Un autre exemple, pour des succès obtenus avec l'assistance d'autrui, pour une personne ayant une faible estime de soi. Le résultat final, au lieu d'avoir un effet stimulant, pourrait, bien au contraire, confirmer le sentiment d'inaptitude, car le mérite revient entièrement à l'aide reçue. Nous l'avons évoqué de long en large dans ce chapitre, tout réside dans l'interprétation des informations, et les facteurs externes influencent considérablement cette interprétation. On constate que, dans les environnements où les standards sont plus élevés, les individus élèvent factuellement leurs buts comme cible d'évaluation, et ce, peu importe qu'ils aient une estime de soi forte ou faible. Une personne s'estimant efficace se verrait atteindre des échelons plus élevés que ceux qu'elle se serait donnés comme cible dans un environnement moins efficace. En ce qui concerne l'individu s'estimant moins efficace, il s'estimerait inapte à atteindre un niveau donné qui est virtuellement plus élevé que celui qu'il aurait pu se fixer comme limite dans un environnement peu efficace. Ce faisant, il fournira des efforts matériellement plus soutenus.

L'individu est partiellement le fruit de son écosystème, depuis son enfance où il se forge ses premières évaluations sur la base des jugements exprimés dans le cercle familial et en milieu scolaire. Au regard des canaux d'influences dont disposent les facteurs externes, il est primordial de sélectionner les facteurs d'exposition. Il faut s'entourer de personnes capables de vous envoyer des informations convaincantes d'efficacité d'une manière directe ou indirecte.

APPLICATION

L'homme, dès la naissance, part à la conquête d'objectifs en mobilisant les capacités et aptitudes dont il se sait déjà en possession, ou en les développant, lorsqu'il s'imagine capable. Le principe fondamental se formule comme suit : « croire pouvoir réussir augmente les chances d'essayer et avoir les aptitudes nécessaires nous pousse à agir ». De ce principe découle une chaîne d'interactions dynamiques psychologiques qui déterminent les objectifs, les choix, les actions et les résultats. Toutefois, ces facteurs internes conduisant aux performances peuvent être accentués/inhibés par d'autres éléments qui agissent comme des régulateurs de la motivation et de la persistance dans les efforts déployés. L'atteinte de hautes performances dépend de la capacité à intervenir simultanément sur les facteurs internes et externes pour les orienter dans le sens de nos désirs. Or beaucoup d'échecs découlent de cette insuffisance de maîtrise coordonnée.

S'évaluer sans se dévaluer

Voici le conseil donné par un maître nageur à une personne s'estimant incapable de nager dans le grand bain, car pâtissant d'un handicap de psychose des profondeurs. Le maître nageur lui dit ceci : « vous ne souffrez pas de phobie des profondeurs, vous n'avez simplement pas appris à nager. N'ayant pas appris à nager, vous ne savez pas ce qu'il faut faire lorsque vous n'avez plus pied et donc vous savez qu'en perdant pied vous vous noierez. Cette certitude de risque de noyade crée en vous le sentiment de phobie des profondeurs, qui se renforce au fil de vos répétitions mentales. Quand vous oserez apprendre à nager, vous n'aurez plus la phobie des profondeurs, car vous saurez comment nager quand on n'a pas pied ».

Ce conseil, à lui seul, résume tout le paragraphe à suivre. En réalité, l'auto-évaluation est un canal interne obligatoire et systématique par le biais duquel chaque être humain décide d'entreprendre une activité. La bonne nouvelle est que tout le monde se trompe en s'évaluant.

D'un côté, il y a ceux qui se trompent en surestimant leurs capacités, ce qui les conduit à se fixer des objectifs plus ambitieux. Même en échouant, ils franchissent généralement des seuils de performances supérieurs à la moyenne et plus élevés que les niveaux qu'ils auraient pu atteindre sans cette ambition initiale. D'un autre côté, il y a la majorité qui se trompe en sous-évaluant leurs réelles capacités. Par conséquent, les échecs enregistrés masquent leurs performances sous-jacentes et agissent comme éléments de confirmation des limites perçues et les poussent à se fixer des objectifs de plus en plus faibles au fil du temps.

Nous devons distinguer les capacités des aptitudes acquises. Si à tout moment, l'évaluation de soi devait se borner à ce qu'on maîtrise au préalable, peu de choses auraient été inventées ! Non, il ne s'agit pas de se restreindre à ce que l'on sait déjà faire (pensées handicapantes), mais plutôt « s'imaginer également ce que l'on se sent capable d'apprendre à faire ».

Une évaluation optimiste de ses capacités permet à l'individu de prendre conscience que ses aptitudes à un instant donné ne sont pas figées, bien au contraire elles sont tout à fait adaptables aux objectifs. De cette manière, les succès sont plus attribuables aux aptitudes, les échecs aux efforts insuffisants, des aptitudes pas encore développées ou perturbées par des facteurs externes indépendants de notre propre chef. Ce processus mental permet de préserver l'estime de soi. Inversement, lorsqu'une évaluation de soi est pessimiste, les échecs sont pris pour une preuve d'incapacité et les réussites comme le fruit du hasard ou de l'aide des autres. Ce mode de pensée entretient une mauvaise estime de soi et les humeurs dépressives. D'autant plus que par l'effet de comparaison sociale, les réalisations des autres viennent entériner chez l'individu ayant une tendance d'évaluation pessimiste, le sentiment d'incapacité.

Toutefois, une évaluation optimiste peut également entraîner des conséquences non désirées lorsqu'elle est non régulée comme nous l'avons expliqué dans le chapitre consacré à la maîtrise comportementale. Une importante propension perfectionniste présente également le risque de s'astreindre à des degrés d'exigences exagérément élevés qui paralysent toute possibilité d'autosatisfaction et par ricochet, d'actions.

L'évaluation de soi nécessite de bien connaître les exigences des objectifs poursuivis. Les exigences en ressources et en efforts varient fortement en fonction des niveaux d'objectifs et des conditions où les activités doivent se réaliser. Ignorer ces facteurs peut conduire à sous-estimer ou surestimer ses aptitudes déjà acquises, les forces extérieures en présence et le niveau de stress à gérer. En réalité la dévaluation de soi survient fréquemment lorsqu'on se concentre sur les difficultés au lieu de se focaliser sur les aptitudes manquantes à développer. Alors que, si un diagnostic est bien posé en amont, il est plus facile d'orienter ses actions vers une optimisation des ressources, une modification des points d'insuffisances et une autosatisfaction des progrès obtenus. Plus vous optez pour ce mode de pensées, plus vous saurez apprécier vos succès et pardonner vos échecs. Ainsi, vous améliorerez vos qualités tout en corrigeant vos défauts.

En conclusion, douter ne dénote pas d'une impuissance. Se lasser ne signifie pas être fragile. La plupart des objectifs ambitieux nécessitent une certaine douleur en matière d'efforts, mais à la clef il y a toujours deux issues positives, soit une réussite ou un échec riche d'enseignements. Nos échecs portent une part de victoire, car, même si le palier final n'est pas atteint, des marches sont tout de même surmontées et ces marches n'auraient pu être franchies sans cette ambition de départ.

Comprendre ses émotions pour mieux les appréhender

Rares sont les situations figées et non modifiables. L'essentiel des difficultés ne provient généralement pas des situations en elles-mêmes, mais de l'évaluation subjective que nous en faisons. Nos perceptions et croyances déclenchent des émotions qui nous permettent de nous adapter aux situations à travers des réponses positives ou négatives sélectionnées, selon l'angle de lecture. Nos choix découlant fondamentalement de nos intentions, l'activation de l'efficacité commence par une interprétation positive des situations ou une réduction des interprétations négatives.

Lorsque les situations sont considérées subjectivement de façon positive, l'attitude et l'engagement sous-jacents sont orientés dans le sens de l'objectif. C'est le scénario idéal dans lequel l'individu identifie précisément les effets positifs de son comportement et par conséquent les actes à poser suivent. A contrario, en présence de situations perçues négativement, on constate une forte intrusion de pensées perturbantes. Du fait de leurs puissances pouvant être très envahissantes, ces pensées sont difficiles à contrôler et se transforment en ruminations chroniques difficiles à ignorer. Les réflexions incontrôlables deviennent une véritable source de stress. La bonne nouvelle est qu'en toute situation, nous sommes capables de reprendre le contrôle de ces pensées. Oui, ce sera difficile notamment lorsque les faisceaux de facteurs convergent vers une confirmation non nuancée de notre interprétation négative des faits, reprendre le contrôle des ruminations relève presque de l'ordre de la magie. Imaginez un collaborateur ou un supérieur portant un jugement sur vos compétences basées sur des préjugés liés à vos origines. Trouver la force de ne pas ruminer de la colère serait quasi impossible, car l'écho de résonance est très fort par rapport au passé. Mais ne perdez pas de vue le message essentiel ici : ces pensées peuvent être contrôlées. Pour cela, une remise en question des interprétations est une voie inéluctable de sortie. Une remise en question des interprétations des faits. Ici, il ne s'agit pas de rejeter le diagnostic psychologique des faits qui est établi, car cette tentative risquerait d'échouer et accroître les émotions négatives. Il s'agit plutôt d'installer un biais qui permet d'apporter une nuance à notre vision des faits. L'objectif est de réduire l'ampleur des ruminations. Par exemple, trouver des justifications contextuelles à un échec peut aider à « comprendre » la situation, relativiser les conséquences et limiter les émotions négatives au seul fait de l'échec, sans affecter notre sentiment d'efficacité. Vous serez frappé par le nombre de personnes qui se définissent comme étant non sociables et voyant en l'autre « l'être sociable ». Chacun projette chez l'autre de fortes capacités de sociabilité et ressent un handicap d'asociabilité personnel. Or comprendre que tout un chacun a un désir de repli sur soi dans certaines circonstances peut contribuer à mieux appréhender le contexte de faibles relations avec les autres. On peut dès lors considérer ce désir de repli comme étant une situation passagère sans pour autant se diagnostiquer ou se faire diagnostiquer un handicap de sociabilité ni nourrir des sentiments de rejets. Ces circonstances courantes sont entre autres la fatigue, les divergences de centres d'intérêt avec l'entourage, la culture, etc. La remise en question de l'interprétation des faits aide à éviter d'associer de façon durable, aux événements négatifs, une relation dynamique de menaces – anxiété – baisse de sentiment d'efficacité. De toute évidence, la remise en question des faits n'est pas chose aisée, elle doit souvent s'accompagner de répétition mentale volontaire fréquente de la réinterprétation, aussi longtemps que subsisteraient les ruminations négatives. La remise en question des interprétations peut également se faire par le questionnement sur la personne qui en est à l'origine. Mérite-t-elle qu'autant de crédit soit accordé à ces propos ? Mérite-t-elle une si grande place dans votre état d'esprit ? S'interroger sur l'importance réelle d'un être dans votre existence ? Dans le milieu professionnel par exemple, il n'est pas rare qu'une seule personne soit à la base de commentaires déplacés récurrents qui exacerbe vos rapports avec votre environnement de travail. Souvenez-vous de ceci : la majeure partie de notre stress est auto-infligée par les interprétations que nous faisons de nos expériences. De même, elle provient de la caisse de résonance que nous autorisons aux propos des autres et les pensées intrusives qui s'ensuivent. L'objectif de la réinterprétation des faits est de pouvoir exercer un certain contrôle sur nos émotions ou sur l'importance accordée à la personne qui en est à l'origine. Ce faisant, nous parvenons à calmer certaines inquiétudes non justifiées et le stress qui en découle. La réinterprétation des faits permet d'allouer de l'énergie aux priorités et cultiver la résilience.

S'inspirer du passé

On observe une relation significative entre nos souvenirs et les perceptions que nous pouvons avoir de notre efficacité personnelle. En effet, la sélection des souvenirs est au cœur de l'interprétation des expériences passées. Une interprétation positivement accentuée des réussites ou une appréciation erronée des échecs peuvent conduire à exagérer ou amoindrir nos aptitudes. On désigne ce terme par « biais de mesure ». Ce biais consiste à minimiser les expériences contraires à ses propres croyances, mais à accentuer les souvenirs en accord avec celles-ci afin de les amplifier et les mémoriser. Ainsi si dans un domaine en particulier on se sent efficace, la probabilité de se souvenir de ses succès pour confirmer ses aptitudes et de ses échecs comme liés à des facteurs exceptionnels est très forte. À l'inverse, dans les domaines où l'on se considère comme moins performants, les souvenirs des échecs sont intensifiés alors que les réussites peuvent être perçues comme cas isolés provenant d'efforts douloureux ou de circonstances hasardeuses.

Comme on peut s'en douter, les souvenirs ne s'activent pas de manière aléatoire. Ils découlent plutôt de notre « Flow » c'est-à-dire l'état mental provoqué par l'activité ou l'événement qui mobilise toute notre attention à un instant donné. Le «Flow» active un ensemble de souvenirs qui en retour transmettent des données sélectionnées avec biais à partir desquelles les pensées d'échecs ou de réussite sont augmentées. Par conséquent, le sentiment d'efficacité est accentué ou amoindri à tout instant par les souvenirs sélectifs.

Si l'état affectif dans lequel nous nous trouvons influence le sentiment de bien-être, nos pensées, perceptions et jugements, le repérage et la correction des biais de mesure, quant à eux, peuvent contrôler les épisodes négatifs. Pour arriver à prendre le contrôle et corriger le biais de mesure, nous pouvons pratiquer ce qu'on appelle «l'auto-modelage». Le principe est simple et part du postulat ci-après bien connu en sciences médicales, architecture, etc. Les règles de l'art nommées «bonnes pratiques» peuvent être transmises sous forme de mode d'emploi avec une certaine assurance, qu'appliquées, elles permettront d'obtenir des résultats similaires. Comme le démontrent les sciences, les savoirs et techniques éprouvés sont transférables, car il est supposé, qu'en toute circonstance, il soit possible de trouver une démarche ou des comportements «exemplaires» qui formeront un modèle inspirant à reproduire.

L'automodelage consiste à ranimer volontairement des souvenirs de réussites préexistantes reflétant une compétence qu'on souhaiterait mobiliser à un instant donné. Il limite également les effets affaiblissants lorsqu'il s'agit de domaines dans lesquels on s'estime moins performant. L'observation par répétition mentale des réussites antérieures constitue un moyen de se persuader de ses capacités à surpasser les difficultés du moment. L'observation des réussites antérieures va au-delà du simple fait de repenser de façon sporadique qu'on a réalisé certaines choses autrefois. Dans quelles conditions ces dernières avaient-elles été appliquées? Quel contexte motivationnel? Etc., afin d'en déduire une information claire sur la manière d'utiliser ses aptitudes et renforcer la confiance en ses talents.

Nos souvenirs sont remplis de preuves irréfutables de capacités à faire alors que l'humeur de l'instant peut inciter à croire le contraire. S'il était possible de se visualiser en train de réaliser des actions ayant donné lieu à des victoires par le passé, chacun se rendrait compte de l'immensité de son talent et ne reculerait pas devant si peu d'obstacles. C'est possible de le faire par les souvenirs afin de réduire le biais de mesure par lequel les informations sont sélectionnées en fonction du « Flow » du moment présent pour orienter les perceptions d'aptitudes.

Réguler sa motivation par des objectifs et l'adaptation

La mobilisation des ressources pour l'action passe par un processus affectif fondé sur la valeur anticipée des résultats. Autrement dit, les hommes mobilisent leurs ressources internes exclusivement vers des buts librement choisis, et les efforts sont taillés à la juste mesure des espoirs, en dépit des incertitudes.

Hélas ! la capacité d'autorégulation n'est pas si enracinée. Les êtres ne fonctionnent pas systématiquement comme des gestionnaires actifs de leurs ressources. Plusieurs événements peuvent perturber le bon fonctionnement conduisant l'individu à un gaspillage de ses ressources et de son énergie pour l'atteinte de buts imposés. Ceci peut s'observer principalement dans le monde professionnel où les conditions d'exercice de l'emploi (intensité et rythme de « delivery », précarité, défaut de mentorat adéquat,) génèrent une souffrance chez les salariés. Ces derniers s'astreignent à demeurer à leurs postes en raison de la dépendance financière pour satisfaire les besoins essentiels (se loger, se nourrir, éduquer ses enfants…). Le monde professionnel ne favorise pas toujours le libre arbitre des objectifs. L'intensité des efforts est plus souvent taillée à la hauteur des choix/humeurs de son employeur ou son manager direct dans le seul espoir de pouvoir continuer à se nourrir, se loger et protéger sa famille. La pression professionnelle due à la charge du travail ou la qualité des relations interpersonnelles peuvent accélérer le sentiment d'épuisement mental, la dépression, le sentiment d'incompétence ou une baisse généralisée de l'estime de soi. Face à cet ensemble de caractéristiques propres à certaines situations où le libre arbitre ne peut pas constamment s'opérer pleinement, il est indispensable de s'ajuster.

La première variable d'ajustement est la régulation par des objectifs. Elle consiste à définir des critères personnels clairs fixés par soi-même et servant à répondre concurremment aux besoins de son employeur. La finalité est de modérer les processus qui lient les événements aux ressources internes ou externes dont nous disposons à travers des critères explicites modifiés. Ces critères «choisis» permettent de réguler la motivation et d'orienter les efforts vers des résultats capables de générer de l'autosatisfaction et envoyer des signaux de réussite personnelle.

Prenons l'exemple des situations où l'individu a le sentiment que les objectifs qui lui ont été fixés par l'employeur sont trop élevés. La régulation par les objectifs consistera à essayer de trouver des niveaux de performance intermédiaires plus faibles, et s'employer à atteindre ces performances. De même, lorsque les tâches semblent complexes, il faudra les subdiviser en sous-tâches plus simples. L'accessibilité et l'atteinte de ses niveaux plus faibles permettront de ressentir un progrès personnel. En effet, le risque d'abandon est très élevé quand les buts sont perçus comme inatteignables ou devant exiger un gros investissement d'efforts et de moyens. Or, les échecs répétés entraînent des conséquences négatives sur l'estime de soi, notamment dans les conditions où l'on voit d'autres semblables atteindre ces buts perçus comme trop élevés.

En supposant, au contraire, que les travaux qui vous ont été confiés sont simplistes et absurdes en comparaison à l'évaluation que vous faites de vos ressources, alors il faut se fixer des objectifs supérieurs. La réalisation de ceux-ci permettrait d'élever vos capacités en vue d'une ambition personnelle et conjointement de répondre aux finalités simplistes déterminées à votre place. Il est souvent possible d'établir un lien entre un but personnel plus élevé et motivant pour lequel le travail « sans valeur » confié par l'employeur devient juste une étape. Mais si vous n'arrivez pas à identifier un lien entre les tâches jugées farfelues et vos buts personnels, alors il faut influer sur l'organisation de son emploi du temps. Il suffit de consacrer une partie de son temps à un objectif personnel (lecture, formation, activité physique, etc.). L'objectif est que ces tâches ne soient plus des finalités, car elles peuvent entraîner une lassitude généralisée alors que les buts légèrement élevés et accessibles permettent de maintenir un sentiment de satisfaction et une dynamique de croissance personnelle.

Par ailleurs, il n'est pas rare que dans vos fonctions, aucun objectif concret ne vous ait été assigné. Dans le cas où les missions fixées par votre employeur seraient trop floues, même si l'emploi est intrinsèquement plaisant, vous devez vous efforcer à traduire les attentes générales en buts clairs et précis. En effet, les objectifs généraux ne permettent pas de réguler de façon optimale ses efforts ni d'évaluer progressivement ses capacités pour mettre ses avancées au service du renforcement de la confiance en soi. Souvenez-vous que l'autosatisfaction due à l'accomplissement de défis personnels est l'essence de la motivation durable. Ainsi, transformer des indications générales en buts spécifiques de performance permet à l'individu d'entretenir sa motivation et de pouvoir conserver une attitude positive.

Enfin, il existe un dernier cas de figure dans lequel les buts vous semblent en principe accessibles, mais vous ne disposez pas des ressources pour les atteindre. Ce cas de figure fera l'objet d'un chapitre spécifique ***Accroître ses connaissances et compétences***. La régulation consistera à modifier la perception des difficultés par l'augmentation des moyens dont on bénéficie. Agir sur ses connaissances et compétences est une clef exceptionnelle de contrôle de sa confiance en soi. On observe souvent que les personnes qui croient en leurs capacités à développer les connaissances leur faisant défaut persévèrent malgré les échecs, car ils savent que l'acquisition des compétences est la solution. A contrario, les gens qui estiment manquer d'efficacité dans la réalisation de certains objectifs et ne se sentent pas capables de combler leurs lacunes par l'apprentissage renoncent rapidement et entretiennent une humeur dépressive.

La deuxième variable d'ajustement est l'adaptation. En réalité, comme démontré dans le chapitre « vaincre ses peurs, stress et anxiété », les situations ne sont quasiment jamais stressantes du fait de leur nature. Le stress provient de la perception qu'en a l'individu et de l'ensemble des réactions cognitives, émotionnelles et comportementales qu'il provoque. La formule « le succès s'acquiert par l'effort » est incomplète. La formule plus exacte devrait être, le succès s'acquiert par la mobilisation optimale des ressources et la capacité à maintenir des efforts persévérants jusqu'à ce que ses espoirs soient convertis en fruits. Même si vous avez un potentiel illimité, vous n'obtiendrez que de piètres résultats si vous déployez énormément d'énergie sur un temps court et que très vite votre enthousiasme retombe pour laisser place aux ruminations. La gestion de la pression sur la distance. En la matière, on peut s'inspirer de l'épreuve du marathon. Il est impressionnant de voir des personnes très âgées réussir à courir près de 50 km, simplement en adaptant leur rythme à leurs émotions, là où d'autres, hautement sportifs, s'arrêtent très rapidement. Soyez à l'écoute de votre corps, modérez le rythme quand vous commencez à ressentir de la fatigue, ajustez l'allure à votre énergie pour éviter l'épuisement mental. Gardez à l'esprit que douter ne dénote pas d'une impuissance, se lasser ne signifie pas être fragile, ralentir ce n'est pas être faible.

En guise de conclusion, l'optimisme

Les embûches parsemant le chemin du succès nécessitent de s'armer pour supporter les difficultés et persévérer dans les efforts. Les difficultés, par essence, ne portent pas en elles le germe de la défaite, car une forte croyance en soi peut aider à les surmonter. Lorsque l'on observe l'attitude précédant les réussites, on note souvent une foi inébranlable en la valeur de ce que l'on fait et l'espoir de transformer les efforts en fruits. On comprend de ce fait qu'arriver à contrôler les périodes de doutes requiert une certaine dose d'optimisme. L'optimisme est une disposition d'esprit dans laquelle, une personne nourrit la confiance dans le dénouement positif de la situation. Il ne s'agit absolument pas d'une prédisposition innée, mais bien d'un état spécifique à chaque événement. Une même personne peut cultiver de l'optimisme dans un cas donné, mais non dans un autre. En réalité, à aptitudes, ambitions et croyance en soi égales, l'optimisme aide à une récupération plus rapide de la fatigue émotionnelle et la poursuite d'une dynamique positive. A Contrario, le réalisme aura tendance à vous conduire vers une interprétation exacerbée des facteurs conjoncturels et à réadapter les ambitions initiales, vous ne chercherez plus des conditions constructives pour vous surpasser. Cette adaptation, sans nécessairement affecter vos croyances, vous poussera sans doute à abaisser le niveau initial des objectifs, reporter les ambitions ou changer d'environnement par exemple. Quant au pessimisme, l'issue est défavorable, l'individu se nourrit d'inquiétude et d'angoisse.

Nous devons distinguer le sentiment d'efficacité de l'optimisme, le réalisme ou le pessimisme. L'optimisme, le réalisme ou le pessimisme sont des formes de disposition d'esprit qui portent à anticiper un aboutissement des événements sans considération de la perception du niveau des objectifs, de la capacité à les atteindre. La probabilité est forte que les buts fixés au départ se modifient en fonction des événements et obstacles non perçus au départ, mais le sens de cette modification dépendra d'une disposition optimiste, réaliste ou pessimiste. Le réalisme ou le pessimisme peut conduire à cesser prématurément les efforts face à des obstacles alors que l'optimisme aide à lire les progrès accomplis et persévérer dans l'effort.

Nos vies prennent différentes directions, en fonction certes des conditions exogènes qui échappent parfois à notre contrôle, notamment selon des choix individuels. L'optimisme dépouillé du travail sur son efficacité personnelle ne mènera nulle part, être optimiste avec une excellente confiance en soi en sous-estimant les difficultés inhérentes aux activités, amène certainement, à la désillusion et l'abandon. Enfin, la confiance en soi, avec une bonne dose d'optimisme et une évaluation juste des exigences des activités, doit s'accompagner d'actions et de renforcement de ses compétences. C'est l'objet du chapitre ***Accroître ses connaissances et compétences***.

ACCROÎTRE SES CONNAISSANCES ET COMPÉTENCES

« Apprenez à travailler plus sur vous-même que sur votre travail. Développez de nouvelles compétences qui vous apporteront plus de valeur sur le marché »

Jim Rohn.

PRINCIPE

À l'ère des mutations économiques et innovations rapides, la nature du travail s'est profondément transformée en une activité contemporaine essentiellement basée sur les connaissances intellectuelles. Dans cet environnement, les connaissances et savoir-faire acquis deviennent rapidement obsolètes face aux exigences de performances croissantes. Ce rythme des évolutions va de pair avec l'apparition de compétences neuves, que ne peuvent, à l'infini, garantir les qualifications initiales acquises par les diplômes.

Les qualifications acquises représentent, aux yeux de l'employeur, le premier gage d'éligibilité à l'exercice d'une fonction donnée. Elles agissent comme barrière à l'entrée et permettent une gradation selon les conventions collectives et les secteurs. Certaines qualifications et origines de la qualification joueront un rôle crucial de positionnement de l'employé dès son intégration dans l'entreprise. À titre illustratif, le diplôme d'ingénieur, le passage par une prépa scientifique, l'obtention de diplômes au sein de grandes écoles, resteront des atouts importants dans le parcours professionnel. Néanmoins, la qualification initiale seule ne suffira pas à justifier de compétences tout au long de sa carrière. De même, si votre qualification initiale ne jouit pas d'une perception de noblesse, il existe des moyens pour gravir progressivement les échelons.

Qualification ou compétence ?

En quelques années, les structures telles que nous les connaissions ont connu de profondes transformations. Parmi ces bouleversements, on peut citer par exemple la dématérialisation des usages à l'ère du numérique et des révolutions technologiques, une nouvelle approche de division des tâches en mode projets. La redéfinition des fonctions managériales axées sur l'accompagnement des collaborateurs en lieu et place du contrôle vertical, ou encore plus récent de la diffusion du télétravail dans les organisations, est aussi des révolutions. Le « tout en classeurs bien méthodiques » a cédé sa place au « tout en système d'information ». Le monde du travail change et se réinvente, la pandémie Covid19 ayant agi comme l'accélérateur de profondes transformations. Il est certain que cette tendance va s'amplifier avec l'arrivée de l'intelligence artificielle (IA).

La nature du travail est, aujourd'hui, caractérisée par la prééminence de l'activité immatérielle dans nos sociétés postindustrielles. Les préoccupations des sociétés sont plus tournées vers les ressources dont certaines revêtent une importance cardinale telle que les savoir-faire, véritables avantages concurrentiels. L'entreprise réfléchissant sa stratégie pour améliorer ses performances a pour défi d'identifier les personnes adaptées pour y contribuer. Mais comment définirions-nous la notion de compétence et quelles différences avec la qualification ? La notion de qualification recouvre les connaissances acquises par une personne lui conférant une capacité à exercer un métier. Cette capacité, obtenue par les diplômes, la positionne dans une hiérarchie au sein de son corps de profession. Elle représente, en quelque sorte, le socle de la compétence. Mais les savoirs procurés par les diplômes ne sont souvent plus alignés avec les nouvelles exigences. En effet, la révolution permanente du monde du travail impose aux dirigeants d'entreprises des choix et orientations stratégiques qui complexifient la lisibilité des connaissances associées à l'exercice de différentes fonctions. L'ère de l'emploi rigide a laissé finalement place à l'expression d'Henri Verneuil qui prend plus que jamais tout son sens : on recherche « le mouton à 5 pattes ».

Le travail comme lieu de renforcement de compétences

En effet, la confrontation de l'individu à différentes situations de travail et la répétition des tâches, lui permettent de développer un processus de logique et de conduite des savoirs procéduraux et une habileté à prendre des décisions promptes. Le travail est un environnement d'expression des connaissances, de consolidation des savoirs et de structuration des raisonnements. Mais, comme vous pouvez l'imaginer, l'apprentissage sur le lieu du travail et dans le cadre de ses fonctions, dépend du périmètre d'intervention et des process de l'entreprise. Les compétences acquises dans ce cadre peuvent donc être rapidement limitées. Pour caricaturer, un data scientist qui travaille dans un établissement où la production des données se fait sur des fichiers Excel, sans les nouvelles solutions du marché, ne pourra pas renforcer ses compétences en programmation. Pire, il risque de perdre totalement les notions acquises au cours de sa formation initiale. Supposons une personne travaillant dans une ETI, en qualité d'assistante commerciale. Dans le cadre de ses fonctions, elle doit piloter la vie des contrats d'un portefeuille de plusieurs centaines de clients. L'entreprise dispose d'un système d'information intégré avec des solutions automatisées de pilotage de la relation clientèle (signature électronique des contrats, alertes de renouvellement, extinction). Cette approche robotisée limitant fortement les risques opérationnels de contrats échus non renouvelés à temps. Ce process, couplé à la proactivité et à l'intelligence, lui permettait d'atteindre des indicateurs de performances en matière de gestion clientèle exceptionnelle. Puis, un concurrent, de taille plus modeste, connaissant une forte croissance de ses activités, la recrute pour ses qualités et son expérience. Surprise ! elle « débarque » dans une firme où les conventions sont rédigées sur Word et le suivi se fait à la mitaine dans différents classeurs Excel non harmonisés. Elle tente de faire bouger les choses, car voyant les enjeux opérationnels liés à cette approche « archaïque » dans un contexte de croissance forte. Mais on lui oppose les reproches « du nouveau qui cherche à révolutionner des méthodes qui marchaient pourtant si bien ». Comment convaincre une entreprise de rogner ses marges pour investir à coûts exorbitants, dans un système qui servira à faire exactement ce qui se faisait gratuitement ? Et puis, le management n'est pas du tout paré pour cette révolution, quel impact en matière de conduite du changement, etc. Le temps passe, les risques en exploitation ont décuplé avec l'augmentation du volume d'activité. Le groupe lui reproche d'avoir été recruté à prix d'or avec des résultats mitigés, elle à son tour oppose l'inefficience des procédures. L'inadaptation de l'employée à son nouveau cadre et l'inertie de l'entreprise finissent par renvoyer dos à dos, les deux parties.

Les fonctions exercées permettent de développer ses compétences, mais ce développement est conditionné par le contexte dans lequel s'effectue l'activité. Généralement, la routine pratique qui s'installe dans les tâches et la segmentation en excès des missions ont pour conséquence de déqualifier les personnes. L'environnement de travail joue de moins en moins son rôle formateur en privant l'individu de son intelligence et son autonomie (même le dernier terme est très à la mode dans les langages de communication des entreprises). À certains postes, vous serez contraints par exemple d'être exclusivement dans de «petites besognes» que vous exécutez avec grande imagination en raison de vos qualifications ou compétences antérieures. Mais comme les conditions d'exercice de ces travaux ne sont pas propices à la prise de décision stratégique, on finit, par considérer que vous êtes limités à ces tâches par manque de talents. Prenons l'exemple d'un analyste financier qui maîtrise à la fois l'analyse financière et des outils Microsoft de visualisation de données (Power BI par exemple). Évoluant, dans une équipe, où les autres ne savent faire que de l'analyse sans être capables de manipuler les traitements de données, il leur vient en aide et permet d'accélérer la production collective. Au fil du temps, son manager finit par considérer qu'il est compétent pour le traitement de données et les autres membres de l'équipe sont meilleurs en analyse stratégique. Une étiquette dont il aura du mal à se débarrasser peu importe la qualité de son travail, il ne sera vu que par le prisme du «Mozart des fichiers à traiter et non plus de l'analyse stratégique». Toute erreur commise par ce collaborateur dans le cadre de ses analyses sera perçue par son manager, comme une confirmation de son incapacité à mener à bien des analyses stratégiques. Dans le même temps, les fautes commises par les autres analystes seront interprétées comme faisant partie intégrante du processus de spécialisation. Le management des hommes par les hommes est naturellement soumis à des biais cognitifs du fait de l'effet de la perception.

L'expertise acquise en entreprise fait fortement intervenir la routine organisationnelle, car elle se rapporte au mode de fonctionnement collectif et non à une simple addition des aptitudes individuelles. Si le savoir-faire peut être vu comme les facultés à agir dans une situation de travail donnée et résoudre les problèmes, on peut être capable de réussir en disposant du minimum requis pour exercer un emploi. Toutefois, dans une approche plus globale, ces compétences seraient en dessous des standards du référentiel des compétences en lien avec le domaine ou le métier envisagé.

Risques d'obsolescence des connaissances et réponses des entreprises

À l'époque de l'économie industrielle, la gestion de la carrière du personnel constituait un élément stratégique des entreprises. Ainsi, l'expérience acquise dans l'entreprise permettait de gravir des échelons. Mais l'économie du savoir a créé une rupture avec ce principe de « qualification + ancienneté » en raison de l'obsolescence très rapide des connaissances développées par la formation et la pratique. Nous sommes passés de la logique de la qualification du travail à la logique de compétences individuelles. Dans certaines entreprises, l'environnement de travail permet aux salariés d'exprimer leurs capacités au-delà des seuls objectifs qui leur sont assignés dans le cadre de leurs fonctions. Cette autonomie permet aux managers d'entretenir les talents singuliers et optimiser la gestion des compétences. Souvent, les évaluations de fin d'année constituent, pour les employés, une occasion de manifester leurs besoins, souhaits d'évolutions ou de réorientations. Les entreprises investissent massivement dans des stratégies de formation internes afin de mieux mettre le salarié comme acteur de sa carrière et maintenir son employabilité. Le pari que fait l'entreprise est que ces formations spécifiques augmentent la productivité du salarié et par ricochet, sa compétitivité. Les politiques internes de formation des salariées sont diverses : propositions de mobilité interne, plateformes digitales de certification, groupes de travail thématiques, tutorats, séminaires d'entreprises, mécénat de compétences, etc.

Mais, l'offre de formation de l'entreprise est-elle réellement suffisante pour répondre aux besoins de l'employé ? Nous pouvons affirmer que ceci n'est pas si sûr que ça. D'une part, les opportunités de formation disponibles sont toujours liées aux objectifs de productivité à courts et moyens termes dans des activités. La politique de formation sera le plus souvent orientée vers les impératifs de l'entreprise. De plus, l'accès aux formations n'est pas garanti pour le salarié. Il revient souvent à l'employeur de décider si telle formation serait utile pour tel employé, en fonction des projections organisationnelles de l'équipe et des contraintes budgétaires. Il sera difficile pour un employé souhaitant se former en management de projets d'accéder à cette formation, si l'entreprise ne projette pas de lui confier à court terme des responsabilités en la matière. Or la perception du manager des capacités d'un collaborateur est la plupart du temps biaisée par les rapports personnels qu'il entretient avec ce dernier. Sans remettre en cause la bonne foi du manager, il est évident que l'avenir professionnel d'une personne ne doit pas se résumer à l'« avis » d'une autre personne souvent fondé sur des jugements de valeur. Oui, car en réalité, la plupart des critères d'évaluation par les pairs sont de plus en plus, trop liés à des opinions du manager lui-même et des collègues. L'intention initiale qui sous-tend les évaluations est juste, mais les grilles sont floues, les échelles de valeurs discutables et les évaluateurs sont des humains qui n'ont d'autres choix que d'être subjectifs. Pour simplifier, être compétent dépend trop des verres pris en dehors des heures de travail avec ses camarades. Telle personne peut être promue manager, car elle fait de délicieux gâteaux pour ses collègues, telle autre est perçue comme étant plus performante parce qu'elle joue au rugby. Tandis qu'un autre serait moins performant parce qu'il écoute du rap et pratique le foot, etc. Les gâteaux sont délicieux et permettent de partager de bons moments lors des pauses déjeuner, mais quel rapport avec le métier? Le dictat des « soft skills » dont on ne sait plus ce qui s'y cache fait prédominer en fin de compte les humeurs sur les termes contractuels initiaux.

Une autre complexité réside dans la désignation des organismes de formation. L'employeur a-t-il en général les moyens de sélectionner les meilleurs cabinets de formation ? La réponse est souvent non ! Entre les arbitrages, coûts, pertes de temps du collaborateur, stratégies de formation par les internes, il est difficile de s'assurer que les possibilités internes de formation sont adaptées aux besoins du salarié. Mais elles ont le mérite d'exister et d'être de plus en plus étoffées.

Pour dissiper tout malentendu, il n'est pas question ici de contester l'importance des moyens et efforts déployés au sein des entreprises afin de s'adapter à la grande transformation du monde du travail. Bien au contraire des financements exceptionnels sont réalisés pour l'accompagnement des salariés. Nous voulons juste insister sur le point suivant : l'approche par compétences, exige du salarié d'être acteur de ses compétences. Dans cette vision stratégique de carrière, les questions à se poser sont les suivantes : le poste que j'occupe actuellement correspond-il à l'ambition personnelle que je me suis fixée à court, moyen ou long terme ? En tant que ressource, est-ce que je détiens l'ensemble des outils me permettant d'agir efficacement si j'occupais dès aujourd'hui les fonctions auxquelles j'aspire dans les mois, les années à venir ? Par quels moyens pourrais-je acquérir les ressources dont j'ai besoin pour atteindre mes objectifs personnels, l'enjeu étant de se maintenir compétitif ?

APPLICATION

L'entreprise et vous

Dans les organisations, les individus sont classifiés au sein de grilles avec des coefficients. Ces coefficients définissent à l'avance le plafond de verre auquel se heurtent souvent les désirs d'évolution d'agents exprimant des attentes plus ambitieuses. Le salarié doit garder en tête qu'une grille ne détermine pas ses aptitudes. Les promotions et augmentations sont purement des décisions de gestion qui dépendent des budgets et besoins de l'entreprise. Une employée très investie se voit refuser une promotion malgré la reconnaissance de ses rendements. Elle interpréta ce refus comme un échec personnel et se mit à douter de ses qualités. D'autres subirent le même refus et s'en allèrent de l'entreprise pour mieux valoriser leurs compétences. Le salarié est lié à son employeur par un contrat de travail se mesurant par l'appréciation du niveau d'accomplissement des tâches qui lui ont été confiées. L'employeur est souvent relié aux actionnaires par un contrat de performance se matérialisant par les comptes sociaux de résultat de fin d'exercice. De plus, les promotions sont des choix fondés sur les évaluations subjectives des compétences professionnelles perçues dont l'échelle et la pertinence restent totalement arbitraires. Une fois que vous avez bien opéré dans votre esprit la séparation entre vos capacités et le jugement qui en est fait par votre employeur, vous évitez de transformer les décisions de gestion en diagnostic de votre potentiel. Les feed-back de vos managers et/ou employeurs sont très importants pour alimenter vos réflexions sur vos qualités et points d'amélioration, mais en aucun cas ils n'ont une valeur de dépistage de vos limites. Les managers, qui se paient le luxe de dire à leurs collaborateurs « tu n'es pas capable de… », « toi, tes aptitudes c'est… », au mieux pèchent par ignorance, ou plus justement se laissent aller dans une dérive de sentences. Évaluer se confond, bien souvent, à juger or le jugement est majoritairement subjectif, qu'importe la bonne foi de celui qui juge. Les insuffisances de performances sont en tout et pour tout le signal de la nécessité d'étendre ses connaissances et compétences.

Le désir d'une évolution personnelle s'inscrit dans un cadre plus large que la politique interne d'une seule entreprise. En d'autres termes, il s'agit de prendre en considération ses ambitions propres et analyser les conditions d'accès aux fonctions convoitées. C'est une évidence que les diplômes de grandes écoles d'ingénieurs et autres formations d'élites confèrent toujours un statut particulier à leurs détenteurs et les créditent de savoirs et savoir-faire élevés (encore heureux). La bonne nouvelle est que l'accès à ces grades est maintenant possible. La plupart des diplômes en formation initiale qui prédéterminaient dans une certaine mesure les trajectoires de carrières sont aujourd'hui disponibles en formation continue, en certifications reconnues ou en formations initiales ouvertes aux personnes en activité. Les solutions permettant de réduire l'écart à l'origine d'ordre social entre la formation initiale et les domaines d'employabilité sont multiples, il suffit de s'en donner les moyens par l'autoformation. En effet, depuis quelques années, les offres de cursus foisonnent, à tel point qu'il est même difficile de s'y retrouver. Les diplômes obtenus dans les universités sont délivrés par l'État attestant ainsi d'un parcours structuré et d'une gradation normée (licence, master, doctorat). Leur lisibilité à travers les classifications et grades facilite la valorisation sur le marché mondial du travail. De plus, il existe dans la plupart des pays, des répertoires officiels qui recensent tous les diplômes agréés, les contenus et finalités. Ce n'est pas toujours le cas des offres de formation continue. Par conséquent, vouloir surmonter ses nouveaux défis, ne garantis pas de savoir par quels moyens y parvenir. Il est, avant tout, important, de clarifier ses objectifs et identifier précisément les compétences devant être acquises ou renforcées pour améliorer ses performances. Une fois le but d'apprentissage défini, il va falloir choisir la formation adaptée à ses besoins, en vérifier la valeur (publication dans un référentiel officiel, antériorité, contenu et déroulement, etc.).

Le désir d'une évolution personnelle s'inscrit dans un cadre plus large que la politique interne d'une seule entreprise. Il ne doit donc pas vous rendre quémandeur de promotion interne. Vous devez réfléchir «marché». Un poste de manager est vacant et doit être pourvu à court terme. Vous y trouvez une opportunité de carrière pour vous et demandez à être promu. En réponse, vos responsables vous proposent une période d'essai, afin que vous fassiez vos preuves. Pas si vite! ce n'est pas une opportunité qui vous est offerte. Assurez-vous de ne pas réaliser 2 fois plus de travail pour le prix d'un. Veillez à ce que la période d'essai ne soit ni indéterminée, ni trop longue, que les termes soient bien définis à l'avance. Ne vous brûlez pas les ailes en surinvestissant. Réfléchissez un instant. Si tout se passe bien, il s'agit d'un partenariat gagnant-gagnant. D'un côté, vous gravissez les échelons et atteignez vos objectifs souhaités. D'un autre, l'employeur ne prend pas le risque d'un mauvais recrutement, il gagne en temps de formation et d'acculturation, et démontre au personnel qu'il existe une véritable politique interne de promotion des talents. En revanche, si cela se passait mal, vous risquez d'être le seul perdant. Votre confiance en vous pourrait en pâtir, l'accumulation de multiples objectifs peut accélérer votre fatigue émotionnelle et vous compromettez vos prochaines promotions. Tandis que votre employeur n'aura pris aucun risque, le travail de recherche de candidat à l'externe se poursuivant parallèlement, il peut se donner plus de temps pour réussir son embauche. En d'autres termes, vos ambitions personnelles doivent toujours être éclairées par votre analyse des conditions d'accès aux fonctions convoitées sur le marché.

La clef par l'apprentissage autodirigé

Être acteur de ses compétences, c'est être capable d'acquérir et développer les connaissances dont on a besoin pour accéder aux responsabilités convoitées ou pour exécuter plus efficacement la tâche que l'on fait déjà. Un employé très impliqué dans son activité passait plusieurs heures à rechercher cellule par cellule, les informations disponibles dans un onglet Excel, se trouvant dans une plus grosse base d'un autre onglet. Il était très investi dans son travail, même si cela lui prenait beaucoup de temps. Puis, un jour, il découvrit la fonction RechercheV qui permettait de faire en 10 secondes, le boulot qu'il mettait 2 semaines intenses à faire. Hermann appelle cela « très bien la mauvaise chose ». La conscience professionnelle, c'est « s'appliquer à faire ce qu'on a à faire », mais la compétence c'est savoir et pouvoir mieux faire ce qu'il y a à faire. Cet exemple simple illustre la loi de la compétence qui, hors professions réglementées, concerne tous les domaines. On peut la formuler comme suit : « quand tu apprends, tu apprends à faire, sinon, tu ne penseras même pas que c'est faisable, donc il faut apprendre en permanence ». Un ami proche m'a toujours dit que les comptes publiés par les entreprises étaient une boîte noire truffée de langages techniques et chiffres confus, exclusivement accessibles aux financiers. Je l'ai beaucoup encouragé à s'inscrire à une célèbre certification en analyse financière qui s'étend sur 6 mois. Seulement 4 semaines de travail ardu plus tard, il comprenait parfaitement les principaux indicateurs financiers, était capable de lire et interpréter l'essentiel d'un bilan, le tableau des flux de trésorerie, le compte de résultat. Réalisez-vous ? 1-2-3-4 semaines auront suffi ! 4 mois de détermination plus tard, il tenait des discussions contradictoires avec des analystes financiers. C'est magique ! C'est pareil en langage de programmation, gestion de projet, droits des affaires, etc. Le savoir est devenu très accessible.

Faut-il tout maîtriser dans tous les domaines ? Tel n'est pas du tout le but. En pratique, dans les entreprises, on a rarement besoin d'être un génie pour être efficace. Une accumulation de petites connaissances appliquées dans le cadre structuré des organisations qui disposent déjà de processus (formels ou informels) suffit généralement à faire toute la différence.

La pluralité des savoirs

Comptables, fiscalistes, ingénieurs, informaticiens, financiers, gestionnaires de projets, les employés sont devenus très polyvalents, occupant des fonctions très éloignées des compétences initiales. Il est, courant de nos jours, de rencontrer dans les entreprises, des personnes de formation initiale informatique qui finissent responsables bancaires, ou inversement, des financiers purs qui deviennent responsables SI. Les difficultés de recrutement ont pu offrir des opportunités de réorientation à certains, les dispositifs de mobilités internes ont poussé d'autres à embrasser de nouveaux défis. Pour une autre catégorie, c'est la multiplication des innovations qui les a contraints à acquérir des compétences plus techniques. La compétence métier ne se suffit plus à elle seule pour prendre des décisions éclairées. Il est souvent indispensable d'associer à ses connaissances métiers de base, une bonne dose de compréhension informatique et data, une sensibilité aux nouvelles approches projet «agile», etc. Certaines tâches sont appelées à disparaître, d'autres, à se transformer radicalement. À l'avènement de l'IA générative, je garde en mémoire les yeux larmoyants de cette responsable de la doc d'une très grande entreprise de place. On venait de lui apprendre qu'elle devra réduire drastiquement ses équipes, car une nouvelle équipe de data scientistes a été constituée pour créer une solution de recherche documentaire basée sur l'IA. Lorsqu'en une minute, on foule aux pieds 10 années de travail acharné en gestion documentaire, c'est non seulement votre travail qui est remis en cause, mais également tout le sens de votre vie professionnelle. Les connaissances initialement acquises puis renforcées par des expériences ont besoin de formations continues complémentaires pour combler certaines insuffisances. Je suis tombé un jour sur une vidéo de 30 secondes m'expliquant comme automatiser certaines tâches avec un outil gratuit disponible et déjà utilisé par des centaines de millions de personnes. En 30 secondes, je venais d'apprendre que je faisais certaines choses en 1 journée qui auraient dû prendre 1 minute. Mais c'est ainsi, tout va trop vite. La compétence se distingue de la qualification initiale, car elle est intègre l'aspect dynamique de l'environnement. En quelque sorte, la formation initiale est un fondement sur lequel il faut ériger l'édifice de la compétence, et cet édifice doit être extensible.

Un parfum de volonté et de sacrifice

La loi de la compétence est têtue: les exploits ne sont pas le fruit de la simple volonté, il faut en plus y associer les connaissances adéquates. Les performances antérieures peuvent vite se transformer en carences en raison des mutations rapides qui créent des écarts entre les savoirs acquis et les nouvelles compétences. Se maintenir performant, suppose entretenir et élargir ses connaissances. Ce travail demande de la volonté, de la détermination et des sacrifices. C'est un investissement permanent en temps, efforts et ressources. Nombre de personnes renoncent à leurs ambitions, car elles ne sont pas prêtes à subir les contraintes que cela implique ou n'arrivent pas à persévérer pour aller au bout de l'effort. La capacité à maintenir son engagement dans le processus d'apprentissage dépend du but. Lorsque le but poursuivi est clair, la fatigue émotionnelle, les doutes et difficultés sont perçus comme partie intégrante du processus et le moindre signal de progrès personnel sert de carburant pour renforcer la motivation.

Cependant, les évolutions rapides peuvent parfois donner un sentiment d'impuissance aux individus qui considèrent leurs connaissances actuelles comme inhérentes à leurs capacités et les carences de performances comme un reflet d'inaptitude personnelle. Souvenez-vous simplement que la compétence est une carte postale qui se construit par l'ensemble des connaissances accumulées au fil du temps.

PARTIE 3 :

ÉMOTIONS ET INTERACTIONS SOCIALES

INTRODUCTION

Mais à quoi joue Camille ?

Solaire, enthousiaste, généreuse, l'entourage de Camille ne tarissait pas d'éloges pour la décrire. De gaieté communicante, Camille était toujours d'humeur joyeuse. Alors quand elle décida tout à coup de rompre définitivement les liens avec son groupe de 4 amis, quelle ne fut pas la surprise ! Camille comprit qu'elle ne pouvait plus tolérer les plaisanteries sexistes de Léo. Bien que comiques, elle les trouvait moralement insupportables, mais ne manifestait jamais son malaise, voyant la drôlerie qu'elles suscitaient auprès des autres. Elle se contentait d'esquisser un léger sourire.

Secrètement, elle jugeait affreuses, malveillantes et embarrassantes, les blagues sexistes de son ami. Elle aurait souhaité lui en parler, mais craignait de passer pour une rabat-joie. Dans ces conditions, plus elle essayait de « faire fi », davantage, l'exacerbation augmentait.

Après une scène où Léo s'était à nouveau montré particulièrement étourdi en associant sexe, couleur de cheveux de Camille et capacités cognitives, elle sentit son amertume exploser, se leva soudainement et lança au groupe :

— Nous qui sommes débiles du fait de notre sexe et de la couleur de nos cheveux n'avons certainement rien à faire ici, alors plus jamais vous ne m'adresserez la parole

Puis elle s'en alla… C'était la dernière fois qu'elle répondit à l'appel de ses amis, ou s'asseyait à la même table qu'eux. Tout se passa si vite, que tout le monde fut pris de court.

Cette scène frappa douloureusement le groupe. Chacun le ressentit comme un déchirement, mais à la fois en voulait à Camille, de ne jamais avoir fait part de son malaise.

Léo regarda fixement Camille, un regard qui semblait lancer : explique-moi ce qu'il se passe ! je suis confus !

En marchant vers sa maison, Camille se repassa ses paroles, des larmes de tristesse coulèrent sur ses joues. Elle était partagée entre sa blessure et la tristesse d'avoir rompu brutalement une belle amitié. Elle se dit :

— Suis-je la mauvaise personne ? N'ai-je pas exagéré ? Pourquoi suis-je incapable de maîtriser mes émotions ?

La douleur s'accentuait les jours qui suivirent. Camille, avec une sensation de déchirement, se mit à refuser systématiquement toutes les tentatives de dialogue initiées par Léo et les autres. Elle sortit à contrecœur de leur groupe de réseau social.

— Eh bien ! Je suis très déçu par l'attitude de Camille, dit Raphaël, le 2e meneur de l'équipe. J'espère que tout cela lui passera.

— Elle a certainement raison, je ne suis qu'un sombre crétin qui flanque toujours tout en l'air, intervint Léo

— On ne pouvait pas savoir qu'on l'offensait ou qu'il y avait une quelconque incompréhension. Peut-être que si elle avait indiqué clairement son mécontentement, on aurait pu éviter d'en arriver là ? renchérit Gilles.

Lorsque des sujets mettaient Camille mal à l'aise, elle s'efforçait de cacher ses émotions par une joie factice et restait malgré elle calme. Les faits se répétaient, mais Camille s'imaginait devoir intérioriser ses sentiments. Chaque fois qu'advenait une de ces blessures, elle se disait qu'il était normal que de tels événements surviennent entre amis et que le plus important restait les liens qui les réunissaient. Tout le monde ne peut être pareil, estimait-elle. Mais Camille semblait ignorer qu'aucune amitié ne pouvait, à long terme, résister à la violation récurrente de valeurs fortes. Au fil des années, Camille s'était forgé une conviction ferme en l'égalité femmes-hommes et tout ce qui tendait à discriminer les femmes à l'égard des hommes l'offusquait. Maintenant, elle se disait qu'elle aurait dû clairement manifester son irritation au groupe et particulièrement Léo, quand il en était encore temps.

Des semaines passèrent et le temps ne fit qu'accroître le fossé entre Camille et ses anciens amis, qui eux paraissaient de plus en plus soudés. Elle était encore plus triste. Elle se surprit maintes fois, à épier leurs conversations, effrayées à l'idée d'être l'objet des éclats de rire. « Comment est-ce possible que les autres se soient plus rapprochés de Léo comme s'il était la victime alors que c'est lui l'agresseur ? » pensa-t-elle. C'est regrettable ! Je vais m'en tenir à mes valeurs et être inflexible quant à ma décision de me séparer d'eux. Après tout, nous sommes très différents. À l'évidence, cela n'allait pas être facile, mais elle seule avait conscience de sa douleur. Même si les autres ne voulaient pas la comprendre, elle continuait d'estimer qu'on ne devrait pas tolérer des plaisanteries aussi immorales qu'importent les rires qu'elles suscitent.

Léo avait pleinement conscience que c'était lui qui était la cause de cette situation et malgré ses efforts pour dissiper le malentendu, il n'était pas parvenu à convaincre Camille d'en discuter. Il était de plus en plus persuadé d'être le bouc qui empoisonne ses relations. Cette pensée lui faisait passer des nuits blanches et vivre ainsi tous les jours l'éloignement de Camille le rendait profondément triste. Le reste du groupe ne se sentait pas mieux. Tantôt, ils en voulaient à Camille, d'avoir « trahi » leur amitié, à Léo, tantôt à eux-mêmes de ne s'être pas rendu compte en amont de l'offense qui était infligée.

— Que faut-il de plus pour que Camille arrête de nous prendre la tête ?

— Mais elle ne parle plus à aucun de nous ? Qu'avons-nous fait, nous autres ?

— Justement, rien ! Et c'est bien cela le problème.

— Nous pouvons réessayer encore une fois d'aller la voir pour remettre les choses à plat

À 12 h 30, comme à son habitude lors des beaux jours, Camille s'assit sur le banc de parc. Quelques minutes plus tard, elle vit venir à elle « son ancien groupe d'amis ». Cette fois, elle décida de ne pas se lever et leur tourner les talons.

Un silence s'installa, comme si chacun était dans l'attente de ce qui allait se passer. Au milieu du calme, Léo et Camille se levèrent, se prirent dans les bras, puis se donnèrent une étreinte.

— J'ai quelque chose à te dire, entama Léo. Je suis un bouffon qui passe juste son temps à vouloir amuser la galerie. Mais sache que jamais, jamais je n'ai voulu te faire du mal avec mes blagues stupides. J'ai compris la sensibilité que tu as sur ces questions. Je n'imaginais pas que ces mots pouvaient être très vexants, mais en y réfléchissant, je me demande bien comment pendant tout ce temps, j'ai pu me trouver marrant.

Peu à peu, la tension retomba et la douleur fut remplacée par le soulagement de s'être parlé. Les jours qui suivirent, d'autres querelles survinrent entre eux, mais ils essayèrent d'en discuter sans « déni ». De nouveau, le groupe pouvait passer de bons moments ensemble, chacun essayant d'apprendre à mieux connaître les limites de l'autre.

DÉSAMORCER OU RÉSOUDRE LES CONFLITS

« Ne cherchez pas la faute, cherchez le remède »

Henry Ford

PRINCIPE

Expression, impression et interaction

Nos rapports avec les autres organisent notre vie communautaire. Pourquoi se lie-t-on ? Si la question semble « évidente », la réponse l'est moins. Les interactions interindividuelles (en couple, en famille, entre amis, voisins, au sein d'associations ou dans la vie professionnelle) sont une composante essentielle de la vie sociale et donc de la société. Les relations prennent vie grâce aux connexions et s'entretiennent ou disparaissent également par ces dernières. Dans les premiers moments, les interactions sont réservées et se reposent en général sur l'observation de l'autre. Par la suite, une harmonie commence à se mettre en place, les réticences sont progressivement levées pour finir par disparaître. Les formules suivantes vous paraîtront familières : « Tu ne me comprends pas ! », « Ce n'est pas ce que j'ai dit », « il a tout compris de travers », « M'écoutes-tu quand je te parle ? ». Si vous les avez déjà employées ou entendues, c'est parce que ce n'est pas « ce qui est dit » (expression) qui compte, mais c'est ce qui est reçu de ce qui est dit ou « **non-dit** » (impression).

La communication a cette particularité d'être sujette aux interprétations en fonction des circonstances et de l'environnement. Un simple sourire, selon le contexte, peut traduire de l'empathie ou au contraire de l'arrogance ou encore de la moquerie. D'autres paramètres tels que les gestes de l'émetteur du message, le ton, sont autant d'éléments qui conditionnent « l'impression du message reçu ».

Des interactions aux conflits

Les rapports entre personnes passent par plusieurs phases. Au début, la communication est plutôt à dominance non verbale (marques de politesse, échanges de sourires ou rires nerveux, regards silencieux, etc.). Ensuite, on passe à une phase de début d'harmonisation au cours de laquelle, la relation semble au beau fixe, mais peut rapidement laisser place aux premiers malaises ou désaccords. Le temps de passage entre ces différentes phases est très variable, quelques heures, quelques jours, quelques mois… Tout dépend de la durée et de l'intensité d'exposition des uns aux autres. Tout dépend également de l'objet de la relation qui s'établit. Quoi qu'il en soit, on remarque qu'à l'apparition des premiers désaccords, les individus concernés peuvent décider ou non de continuer à interagir. Lorsque le choix est de poursuivre la relation, un certain jeu d'équilibre se met en place, au sein duquel les règles commencent à être définies ainsi que les rôles. Ces règles et rôles aident à construire la coopération et gérer les situations conflictuelles ultérieures.

Les disparités ou désaccords sont intrinsèques à toutes les espèces vivantes, sociales, car les échanges avec les autres font souvent émerger des opinions ou enjeux convergents ou divergents. Face aux divergences, chaque partie souhaite que priment ses intérêts. Les conflits peuvent être latents, manifestes ou aggravés.

À l'origine des conflits

En analysant plusieurs centaines de situations ayant débouché sur des conflits, on se rend compte qu'à l'origine des dissensions se trouvent principalement 4 catégories de causes :

Motivation des liens

Les facteurs individuels n'expliquent pas seuls les liens qui se créent entre personnes (intérêts communs, valeurs partagées, proximité, etc.). L'environnement social y joue également un rôle majeur. L'effet de l'environnement social sur l'individu s'opère fondamentalement par le mécanisme de l'influence. Par ce mécanisme sous-jacent, l'individu modèle, ses émotions, ses pensées, comportements et décisions pour se conformer au collectif. L'influence qui s'exerce va donc aboutir à la construction d'une personnalité aidant chacun à trouver sa place dans la relation.

En réalité, chaque personne impliquée dans une relation analyse (consciemment ou non) l'intérêt qu'elle aurait à s'y investir. Si les produits de la relation sont motivants et qu'en plus il y a une forme de reconnaissance des autres alors la personnalité liée à cet investissement va se renforcer. Si à l'inverse, la personne ne retire plus de fruits ni de marques de reconnaissance de son investissement, il en résulte un désengagement. Or, la relation se nourrit de l'énergie individuelle de ses parties prenantes. Donc, si ces dernières sont heureuses de partager des moments ensemble et que chacun se sent satisfait, l'énergie de la solidarité et de l'investissement s'en trouve décuplée. À l'inverse, si les produits ou la reconnaissance manquent, la relation peut s'enliser dans des difficultés et finir par s'éteindre, car les parties prenantes ne sont pas toutes disposées à entretenir ni à consolider les liens.

Néanmoins, précisons que dans certaines circonstances, l'origine du conflit s'explique elle-même par les motivations des liens.

Si un groupe s'est constitué sur des objectifs qui, en eux-mêmes, sont conflictuels, on se retrouve dans des situations où l'énergie collective de solidarité ne pourra exister. C'est le cas par exemple des rivalités au sein d'une même équipe par le fait de la stratégie concurrentielle mise en place par l'organisation. Les méthodes de résolution de ces conflits sont plutôt centrées sur l'adaptation en lieu et place de la remédiation. Nous évoquerons plus tard quelques stratégies d'adaptation dans ces situations dans la partie application.

Personnalités

Comme énoncé plus haut, l'effet de l'environnement social sur l'individu par le mécanisme de l'influence l'amène à se construire une personnalité. Une même personne peut donc revêtir plusieurs personnalités en fonction de la relation. Nous occupons des positions dans nos relations, position de meneur, de suiveur, de médiateur, etc. Les conflits peuvent être déclenchés par le caractère de l'émetteur du message ou du récepteur. Les personnes se représentant supérieures aux autres adoptent des attitudes de domination, de fierté, de mépris et de provocation envers l'autre. A contrario, celles qui portent un complexe d'infériorité ont tendance à se soumettre ou être en proie au stress. Elles auront tendance à se sentir brimées.

En effet, par leur nature propre, les interactions interindividuelles mettent en scène un jeu de miroir des uns dans les regards des autres et inversement. Dans ce jeu, certains miroirs nous renvoient une image convenable de nous-mêmes tandis que d'autres nous renvoient une image moins agréable. Ainsi, nous essayons sans arrêt d'adopter une posture relationnelle commode au miroir. Dans nos interactions, ce ne sont pas vraiment nos caractéristiques personnelles telles que nous nous définissons (identité), qui se manifestent, mais une incarnation extérieure provoquée par la nature de nos interactions (personnalité). C'est pour cela que, de la même personne et selon les contextes (famille, amis, milieu professionnel), il peut se dire qu'elle est drôle ou timide ou encore colérique.

Lorsque nous revêtons une personnalité, les miroirs qui nous entourent nous poussent à nous y confiner voire faire l'objet de stigmatisation. À certains endroits, on attendra de Paul qu'il fasse toujours rire, qu'Éléonore dirige, qu'Eudes s'énerve et qu'Ange se taise. En cas de changement d'environnement, les personnalités peuvent également changer. D'autres miroirs attendraient par exemple qu'Eudes fasse le médiateur et qu'Ange prenne les décisions.

Au départ d'une relation, une blessure psychique peut conduire une personne à adopter une posture agressive, défensive ou réservée qui cristallise sur le long terme ses rapports avec les autres. Dans le même temps, elle peut adopter dans une autre relation, une position de meneur, de blagueur. Il se peut également qu'un événement en cours de route modifie au plus haut point la personnalité adoptée dans la relation. L'avènement d'une tierce personne peut contribuer par exemple à détendre la posture défensive. De même, la peur de perdre sa place peut amener un meneur à devenir hostile.

Croyances et éducation

Dans notre cycle de vie, nous avons appris de nos parents et éducateurs, un certain nombre de valeurs que nous conservons jusqu'à l'âge adulte. L'ensemble de ces valeurs acquises vont déterminer nos opinions, convictions ou doctrines.

Par ailleurs, chaque société possède une culture spécifique qui se traduit par des normes et valeurs différentes que nous intériorisons également. Ces règles implicites, partagées ou parfois imposées, définissent les comportements acceptables en fonction des communautés. De ce fait, une insubordination volontaire ou non à ces normes peut donner lieu à une dégradation des relations. Toutefois, nous développons à l'âge adulte, des capacités d'analyse et d'apprentissage de nos expériences qui viennent compléter/ajouter les valeurs acquises.

Les opinions, convictions ou doctrines auxquelles nous accordons un certain degré de certitude sans justification objective peuvent créer ou entretenir une dynamique conflictuelle. En effet, ce sont nos croyances qui permettent d'établir une hiérarchie des valeurs, guident nos conduites et nous donnent les moyens d'agir. En fonction des environnements et selon les contextes, elles peuvent nourrir une dynamique conflictuelle. À titre d'exemple, une personne éduquée à faire fi des circonstances incommodantes ou se soumettre à une situation ou une personne, aurait tendance à agir comme telle et au fil de l'accumulation des offenses, se renfermer.

Des conflits naissants à l'escalade

Les conflits sont fréquents dans les interactions interindividuelles. La prévention et la résolution des conflits ne sont certes pas faciles, mais souvent, différentes conduites adoptées par les protagonistes mènent à l'amplification. Prenons l'exemple du déni et la non-confrontation pour recherche absolue de la paix. Le conflit est avant tout une confrontation de volontés ou d'intérêts. En tant que tel, il n'est pas systématiquement négatif. En revanche, le déni peut conduire graduellement à la montée des ressentiments. C'est ainsi qu'on se rend compte parfois qu'un problème mineur prend des proportions inattendues. En réalité, la rancœur produit un effet de cascade en alimentant la mauvaise humeur, la colère, et autres sentiments d'amertume.

L'escalade d'un conflit est un état d'accentuation des tensions sous forme émotionnelle et comportementale. À ce stade, les antagonismes s'étendent à tout acte posé par l'un ou l'autre et peuvent être vus comme une agression supplémentaire qui aggrave le conflit. Les risques d'accès, de violence psychologique ou physique sont fortement présents avec à la clef une souffrance intense des parties prenantes. Un tel degré de rigidité rend quasi impossible une reprise de contrôle, l'intransigeance s'impose à la flexibilité et le conflit s'enlise dans la durée. Les parties prenantes se détournent les unes des autres ou s'isolent du collectif. Parfois, les conflits ayant franchi le seuil de l'escalade, la colère et l'amertume peuvent pousser à une violation des valeurs conduisant alors à poser des actes hasardeux, irrévocables et lourds de conséquences. La surenchère comportementale supplante les disputes.

Une fois l'escalade enclenchée, un conflit tend à se nourrir. Les émotions (colère contre l'autre ou soi-même, tristesse, dépression, craintes, etc.) prenant le dessus, les protagonistes deviennent égocentriques à l'égard de la situation en reportant la culpabilité vers l'autre. Chacun reconstruit sa propre histoire avec des interprétations non ouvertes à la nuance. On se voit comme la victime du diable « l'autre » pour qui l'on ne ressent aucune empathie, car on ne perçoit plus que les différences et le différend. On ne tarde pas à dénigrer, jeter le discrédit sur une personne en lui prêtant des intentions mauvaises.

L'intensité émotionnelle de l'escalade d'un conflit diminue considérablement la flexibilité et l'attachement aux valeurs communément acceptées. Elle place en danger les individus eux-mêmes par les sentiments douloureux qu'elle génère (détresse, tristesse) au-delà de la seule discorde. Elle met également en risque le tissu social ou professionnel (disparition de la coopération, accès de violence) ou personnel (perte de productivité, démotivation, etc.).

Désamorcer ou résoudre les conflits

À l'épreuve de l'environnement social, des personnalités et des croyances, les interactions interindividuelles peuvent devenir conflictuelles. Entre désaccords intrafamiliaux, discordes entre amis ou en milieu professionnel, les différends sont fréquents dans tous les systèmes vivants. Notre manière de les aborder peut aider à les désamorcer ou au contraire les entretenir et les amplifier. Heureusement, l'homme (et pas seulement) est doté d'une extraordinaire capacité de réconciliation. Cette capacité est naturelle, mais exige certains outils.

Flexibilité cognitive

Vous avez certainement au moins une fois été confronté à une situation problématique où la conciliation vous semblait impossible. Et si cette évidence n'était qu'une perception subjective ? Souvenez-vous, nos opinions, convictions ou doctrines sont déterminées en grande partie par les valeurs acquises de nos parents et de nos éducateurs et de la culture de notre environnement. Or en situation conflictuelle non aggravée, nos émotions ont plutôt tendance à diriger nos réactions sous l'influence de nos valeurs. Le point de départ d'une résolution consiste, avant tout, à garder à l'esprit que notre représentation actuelle du contexte n'est qu'une interprétation possible parmi plusieurs autres. En effet, pour bénéficier du statut de victime et justifier la diabolisation de l'autre, notre esprit doit assembler des éléments justificateurs à mettre à notre disposition. En cas de mise en place, par notre propre volonté, d'une démarche de flexibilité cognitive, notre cerveau, après la première analyse proposée par nos émotions, introduit différents angles de lecture. Une nouvelle copie d'analyse est réalisée. Il ne s'agit en aucun cas de dire que toutes les analyses initiales produites par vos émotions sont fausses et qu'aucunement vous n'auriez raison de vous mettre en colère dans certaines situations. Il s'agit simplement de valider l'analyse construite émotionnellement. En mobilisant d'autres paramètres, vous serez capable de la confirmer ou de l'infirmer. Vous allez utiliser de nouvelles possibilités, essayer de prendre en compte l'ensemble du contexte et pas juste quelques éléments marquants rencontrés lors du déclenchement de la discorde. Posez-vous des questions, repérez les éventuels biais d'interprétation, ainsi, vous tenterez d'autres lectures ou réflexions nuancées. Gardez à l'esprit que sous le coup de nos émotions, la perception des faits est souvent très intransigeante, ce qui nous conduit à nous à sentir comme « la victime du diable, qu'est l'autre ». En introduisant de la flexibilité cognitive dans notre analyse, il est possible que l'intensité de la colère s'atténue et que ce soit le début de l'apaisement de la rancœur.

Conflit circonscrit vs circulation

En parlant de circulation du conflit, on prend en compte ici principalement la question de la diffusion des désaccords au-delà des faits. La portée des ressentiments associés à un conflit a un impact direct sur les perspectives de résolutions. Or, la conflictualité fonctionne comme un immense cours d'eau qui s'étend et se dissipe aussi largement que possible. Une incompréhension peut nous amener par exemple à stigmatiser une personne ou un groupe d'individus. Les émotions ne se rapportent donc plus en tout et pour tout à l'objet du problème ainsi qu'à l'analyse qui en découle. Au contraire, force est de constater que la plupart des conflits produisent un impact sur l'ensemble de la relation entre les protagonistes voire d'autres liens à l'intérieur du collectif qui ne sont pas du tout impliqués. L'utilité de circonscrire le conflit à son seul objet est indiscutable. En identifiant précisément la cause de la discorde et en centrant ses émotions négatives uniquement autour de cette cause et non à la personne elle-même, on se donne la possibilité d'échapper à une dynamique d'accumulation. En pratique, vous devez limiter vos appréciations aux faits sans jugements de personne, d'autant plus que le souhait est d'amener l'autre à comprendre ses erreurs et lui permettre d'adopter différents comportements. Ceci est encore plus important lorsqu'il y a eu des relations positives par le passé. En prenant conscience que le conflit est avant tout lié à la survenance ou la répétition de faits, toutes les parties s'offrent la possibilité de relativiser une vision en tous points négative de l'autre.

APPLICATION

La gestion des conflits demande un changement de nos rapports avec nos propres émotions. Ce changement relève de la flexibilité cognitive et de notre capacité à circonscrire le conflit aux seuls faits. Le déni et la fuite ne sont souvent pas des solutions durables. Le déni est une forme d'autodéfense, qui permet de refouler dans l'inconscient une situation que nous ne souhaiterions ou ne sommes pas prêts à assumer. S'apparentant au déni, la fuite consiste à éviter intentionnellement l'affrontement. Ces deux stratégies peuvent être efficaces par endroits, mais face à une répétition, elles peuvent devenir des accélérateurs de l'escalade de conflits.

Croire en la bonne foi de l'autre

Il faut aborder les conflits sans jugement de personne. Souvenez-vous, le sujet du problème ce sont les « faits » (un comportement inacceptable, une mauvaise communication, une répétition d'attitudes inappropriées). Toute personne a acquis au cours de son cycle de vie des valeurs auxquelles elle s'efforce de rester fidèle, en agissant avec bonne foi. Nos valeurs peuvent être différentes, savoir que l'autre pourrait être de bonne foi, ajoute de la flexibilité dans nos interprétations. Les principales questions à se poser sont « quel est l'objet réel de la discorde ? », « quels sont les points de divergence ? », « existe-t-il une analyse intermédiaire possible ? », « Quelles sont les solutions possibles ? », « comment les mettre en œuvre ensemble ? », « comment anticiper d'autres situations similaires et donc les solutions à adopter ? », « quelles mesures d'ajustements prévoir au cas où la solution ne serait pas convenable ? ». Ces questions permettent de mieux orienter nos projecteurs sur les aspects du conflit que nous souhaitons appréhender, dans la mesure où la base de la représentation émotive de la situation n'est peut-être pas fondée.

Comprendre la territorialité

La territorialité ne se réduit pas à la délimitation d'un espace géographique ou d'une juridiction. La territorialité exprime l'idée d'une zone de pouvoir défini et appartenant à un individu. Nous utilisons la plupart du temps des expressions telles que « il a dépassé les bornes », « il a franchi les limites », etc. La notion de territoire humain est un ensemble de limites spatiales, temporelles, de valeurs et de pouvoirs dont on estime en être les détenteurs. Mais aussi envers lesquelles nous sommes particulièrement sensibles. Dès que ces champs sont touchés, une réponse émotionnelle se forme systématiquement. Les interactions interindividuelles doivent donc satisfaire aux principes de territorialité. Il faut se rendre compte que les comportements acceptables entre différentes aires physiques sont applicables aux relations humaines. Il est essentiel d'apprendre à identifier nos frontières et celles de l'autre afin de pouvoir les gérer, car cela a un impact important sur le climat relationnel. Lorsque les limites ne sont pas connues ou que le respect des règles relatives à la territorialité n'est pas négligé, il en résulte des situations conflictuelles à répétition. C'est en particulier le cas quand l'une des parties utilise la stratégie de déni ou de fuite. Parfois, des choses aussi simples qu'une place de bureau non attribuée, mais régulièrement occupée par le même collègue, peut être un territoire psychologique pour ce dernier. Ainsi, le seul fait d'occuper sa place pourrait lui paraître un non-respect de son intégrité territoriale. La violation des territoires engendre quasi systématiquement de la conflictualité, alors, ayez à l'esprit que respecter les territoires c'est prévenir les conflits.

Pas de hâte !

Généralement, toute situation d'opposition peut être transformée en situation de résolution, si vous êtes convaincus qu'il n'est pas vraiment dans l'intérêt de l'une ou l'autre des parties de rompre la relation.

Bien qu'elle ne soit pas toujours facile à maîtriser, la patience est un élément indispensable et souvent, une bonne alliée. Sous les émotions intenses, le temps de la réaction ne paraît-il pas très long et interminable, l'esprit étant avide de répondre au contrecoup ? Toutefois, il est important de noter la nuance entre impatience et hâte. Faire jouer la patience ne consiste pas à lutter contre l'impatience ni appliquer la stratégie du déni ou de la fuite, mais il s'agit simplement de ne pas accélérer le mécanisme de riposte. L'analyse de la situation conflictuelle ne peut attendre, mais on peut décider de choisir le « bon moment » de la confrontation. Autorisez-vous à rendre copie complète, ce qui signifie « se donner le temps de finaliser l'examen des événements », choisir son moment à soi et ses mots. On remarque toujours que les conclusions prématurées sous émotions vives produisent des réponses irraisonnées. Ne serait-ce pas mieux de garder le contrôle de la situation ?

Faites intervenir un tiers !

Le conflit a atteint un point culminant et les possibilités de communiquer efficacement s'amenuisent. Les protagonistes ont bien conscience de la criticité de la situation, mais ne souhaitent pas laisser le conflit avoir raison des liens qui les lient. Il serait certainement temps de solliciter l'aide d'une tierce personne. Attention ! le choix de la tierce personne est très complexe, car elle doit être acceptée de toutes les parties. C'est une condition sine qua non. Ne commettez surtout pas l'erreur de faire intervenir une personne, sans au préalable recueillir l'adhésion de l'autre. Vous risquez une rupture brutale des liens et aucune possibilité de retour en arrière. Les parties doivent non seulement accepter l'intervention d'un tiers, mais aussi surtout, doivent s'accorder sur un choix neutre ! À l'étape de l'escalade, les positions se sont déjà rigidifiées. Le médiateur a pour rôle d'aider les parties à trouver une solution amiable pour réhabiliter les liens. Il n'est pas attendu du médiateur un positionnement messianique.

Crever l'abcès

Parler des points de désaccord aide à réduire l'intensité de la douleur émotionnelle. Dès lors que l'analyse de la situation est terminée, prenez l'initiative de la conversation. En tant qu'initiateur de la discussion, essayez de présenter la situation de façon synthétique et objective sans jugement subjectif. Décrivez les sujets de discorde que vous avez notés et les effets négatifs qui en résultent. Faites part des bienfaits que la résolution du conflit pourrait générer ainsi que les changements, qui, selon vous, seront nécessaires à apporter. Témoignez du respect à l'autre en le laissant s'exprimer, restez à l'écoute et surtout tenez-vous-en aux faits !

Enfin, si le lien portait en lui-même le gène du conflit ?

Nous avions évoqué plus tôt certaines situations où le lien en lui-même constituait l'essence du conflit. À titre illustratif, les méthodes organisationnelles vicieuses mises en place dans certaines entreprises sous le vocable « évaluation par les pairs » sans que de véritables critères mesurables d'évaluation soient mis en place. Certaines pratiques dans les entreprises sont par essence « cannibales » et constituent des nids à conflits. Il est quasiment impossible d'avoir dans ces conditions une approche de résolution de conflits basée sur la recherche réelle d'harmonie. Quatre options s'offrent généralement à vous :

- Concurrence : vous avez besoin de prendre de l'avance rapidement. Sans animosité, vous devez retrousser vos manches et être compétitif sans craindre les situations conflictuelles. En revanche, vous devez toujours rester professionnelle en vous soumettant scrupuleusement aux normes dont chaque société possède une culture spécifique qui se traduit par des codes et valeurs. Comme nous l'avions vu au début, une insubordination volontaire ou non à ces normes peut être inacceptable aux yeux du collectif et de la société.
- Bienveillance : il s'agit ici de faire de vous-même la marque de la bienveillance ; ce positionnement nécessite beaucoup de résilience et de contrôle. C'est l'approche idéale lorsque vous considérez que la concurrence vous fait courir un fort risque d'échec et d'exclusion. Vous pouvez également prendre cette option provisoirement pour laisser passer la vague et mieux maîtriser votre tactique.
- Partenariat : cette logique consiste à trouver un terrain de partenariat avec son protagoniste avec pour objectif de trouver des points de convergence.
- Renoncement : le principe est d'abandonner l'intérêt, car on se rend compte que la fin n'est pas assez signifiante pour justifier un investissement émotionnel de cette nature. C'est également un moyen provisoire de repli face aux problèmes complexes.

Conclusion

La graine et le fruit !

Un embryon enveloppé dans la graine foule un sol fertile, milliardième fragile semence des cieux baptisée « Je »

Hasard ou destin ?
D'où ? De qui ?

qui arrose d'eau pure
Qui illumine

« Je » vis
« Je » respire
« Je » germe
« Je » m'enracine
« Je » éclos
« Je », croîs
« Je », fleuris grâce à la lumière
Je crois que c'est ainsi que fonctionne le cycle « SE MOTIVER ; AGIR ; S'ACCOMPLIR »

Ducard DAKE

Ce livre a été imprimé en France

Dépôt légal : août 2024